A cura di Walter Veltroni

Quando c'era Berlinguer

Rizzoli

ISBN 978-88-17-07336-3

Prima edizione: maggio 2014

Introduzione

La politica, quella vera, è una cosa bella.

C'è una dote, nella politica, che più di ogni altra ho imparato ad amare. È il coraggio, che spesso è buon compagno della solitudine. E non è solo quello che si manifesta nello sfidare gli avversari. Il «coraggio più coraggioso» è quello che spinge, seguendo un filo invisibile figlio di convinzione ed etica, a mettere il proprio mondo, la coscienza della propria gente, in una tensione innovativa. Non fu facile per Berlinguer rompere con l'Urss, proporre il compromesso storico, indicare l'austerità come modello di sviluppo, dire che si stava meglio con la Nato che con il Patto di Varsavia. Non fu facile dirlo al suo popolo e, al tempo stesso, tenerlo unito, mentre si metteva in marcia.

È lo stesso coraggio che io vedo negli ultimi istanti della sua vita, quando più che vincere la lotta per la sopravvivenza sembra interessargli finire il suo lavoro e portare a termine quel comizio. Uno dei tanti, in cambio della sua unica vita.

Mi piacevano di lui la timidezza e il sorriso. La caparbietà e l'onestà. Cominciò fratello dei suoi compagni, finì padre. Il sentimento verso di lui era forte e discreto e anche chi lo avversava lo rispettava e un po' gli voleva bene.

Se la mia vita ha preso il corso che ha avuto è per il fascino che quest'uomo minuto e ispirato ebbe su migliaia di ragazzi come me, che volevano cambiare il mondo. Era una persona per bene, voleva fare una società diversa e giusta ma nella libertà. Allora mi bastava. Mi sembrava che la nave di Berlinguer fosse diretta dove noi, figli della coscienza democratica prodotta dai padri del dopoguerra, volessimo confusamente andare. Salii a bordo e vissi la navigazione veloce con intensa passione. Quando la barca si fermò in una piazza che brulicava di rosso e di pianti mi resi conto che il viaggio, quel viaggio, era finito per sempre.

«Probabilmente con la morte di Berlinguer finisce quel Partito comunista, finisce la parola "comunista", perché in Italia la parola "comunista" è Berlinguer. È una parola che non mi ha mai fatto paura, perché la associo con quella correttezza, la associo con quella faccia, con quelle parole, con quella onestà e quindi continua a essere nei miei ricordi una parola bella che muore con chi, in qualche modo, l'ha inventata per quanto mi riguarda direttamente. È chiaro, la mia non è un'analisi storica, ma puramente personale.»

A tutte le persone che ho intervistato per realizzare prima il film su Enrico Berlinguer e poi questo libro ho rivolto la stessa domanda. Ho chiesto loro ciò che sentii dentro di me, guardando dal palco di piazza San Giovanni quella immensa folla di italiani accorsi per salutare, con le lacrime agli occhi, un uomo politico, il segretario del più grande partito che in Occidente portasse nel suo nome una delle più grandi e tragiche ideologie del Novecento. Ho chiesto loro se quel giorno, tra quelle bandiere rosse e quel dolore, non stesse finendo, con uno straziante canto del cigno, il Partito comunista, che è stato tanta parte della storia politica e civile di questo Paese.

Mi risuonavano nella mente le parole con le quali un grande storico, Giuliano Procacci, aveva chiuso la sua magistrale *Storia degli italiani*, parlando dei funerali di Palmiro Togliatti: «Quando la sua salma venne riportata in Italia, seguirono la sua bara un milione di persone. Da vivo egli era stato paragonato a Cavour, per la sua lucidità politica e per la sua fermezza. Ma Cavour era morto al culmine della sua gloria, mentre a lui toccava di morire in un'Italia gaudente e volgare. Nella tristezza della folla che lo accompagnava per l'ultima volta, vi era la consapevolezza di un traguardo che non era stato raggiunto e il presentimento di un lungo e faticoso cammino».

Anche Berlinguer lasciava l'Italia «gaudente e volgare». Erano gli anni della Milano da bere, dell'affermazione «culturale» del modello berlusconiano, soldi e successo, gli anni di una politica padrona, arrogante e famelica. Gli anni bugiardi del disimpegno, dopo quelli orrendi della violenza politica in ogni angolo della strada, del sangue sotto la pioggia di un inverno che non finiva mai.

Povero Paese, sempre preda di eccessi. La fragilità della nostra cultura nazionale, la maledizione di una comunità fratturata in due parti, l'eredità dell'assenza di una mentalità liberale consolidata e, con essa, della religione delle regole hanno prodotto una quasi infantile disponibilità ad assecondare ciclicamente demagoghi e prepotenti, chiunque fosse in grado di annunciare un mondo diverso e senza turbare un equilibrio malato, consolidato da decenni di cinica passività dell'autorità pubblica.

Insomma l'Italia che conoscerà, negli anni successivi, la Lega e Berlusconi, la fine di tutti i partiti travolti dalla loro immoralità pubblica e poi l'instabilità cronica fino ai Forconi, al successo di Grillo, all'impossibilità di fare un governo e di eleggere un nuovo presidente della Repubblica.

«L'Italia gaudente e volgare» non era in quella piazza, quel giorno di giugno del 1984. Ma l'assediava. Sia chiaro: non penso che Pasolini avesse del tutto ragione quando parlava, a proposito del Pci, «di un Paese pulito in un Paese sporco». Ma è vero che quel popolo aveva una sua identità, una serie di regole morali ed etiche, una idea della politica come passione, servizio, missione più che come professione votata al potere. Era una comunità, nel senso proprio.

Non un monolite, permeato come era da culture e da posizioni politiche tra loro eterogenee. Però un luogo che, per una strana combinazione della storia, riusciva a far convivere un arcobaleno di linguaggi in un unico contenitore, che appariva tanto coeso da attirare la serietà e la forza che una parte della società italiana avvertiva come bisogno.

La citazione di apertura di questo libro è di un italiano, Lorenzo Cherubini in arte Jovanotti, che aveva diciotto anni quando Berlinguer, a Padova, salì per l'ultima volta su un palco da comizio.

La sua opinione, contemporanea e postuma, è, persino candidamente, la risposta alla domanda che, per me, è la più importante. Come è potuto accadere che un uomo e una linea politica abbiano condotto un partito che si chiamava comunista, nell'Europa e nel mondo diviso in blocchi, a essere una forza votata da un italiano su tre arrivando a un passo dal governare l'Italia?

A mio avviso la risposta a questa domanda è proprio nelle semplici parole di un diciottenne di allora.

O, meglio, nel fatto che un ragazzo di allora avvertisse il coraggio e persino la solitudine di un uomo chiamato Enrico Berlinguer.

Quell'Italia, quella della prima fase della segreteria di Berlinguer, era un Paese sospeso a metà: da una parte la modernizzazione economica degli anni Sessanta, che aveva trasformato il paesaggio del Paese da agricolo a industriale, gli effetti della prima grande rivoluzione del sapere, prodotta dalla scuola dell'obbligo e dall'affermazione piena del potere unificante della televisione; dall'altra un sistema politico bloccato, privo di alternanza, con il succedersi al governo dello stesso partito e degli stessi uomini dal dopoguerra. L'Italia era cambiata, la politica no.

La nazione si era modernizzata anche attraverso la secolarizzazione del pensiero: nel «bel Paese» dei primi anni Settanta era difficile tornare a suonare le vecchie campane, con le Madonne che piangevano e i cosacchi che si abbeveravano a San Pietro. Gli italiani, in un fazzoletto di anni, meno di dieci, erano radicalmente mutati. Non si è mai valutata a sufficienza la portata della vittoria del no al referendum sul divorzio, vero spartiacque culturale tra il dopoguerra, la vecchia Italia e un Paese aperto, insofferente alla limitazione dei diritti.

Il Sessantotto e poi quella ventata libertaria, fatti di costume collettivo che andarono molto oltre i cortei e le occupazioni, avevano segnalato che un nuovo Paese, portatore di bisogni di libertà e di opportunità, bussava violentemente alla porta del vecchio.

Quella porta era rimasta serrata e qualcuno aveva soffiato impetuosamente per respingere quella domanda di nuovo. Qualcuno aveva usato le bombe di piazza Fontana e una politica tragicamente inedita per l'Europa: la strategia della tensione.

L'Italia è sempre stato un osservato speciale nel mondo diviso in blocchi, perché era la propaggine più avanzata dell'Occidente verso il Medio Oriente e perché aveva il più grande Partito comunista di tutto il vecchio continente.

Quando Enrico Mattei aveva provato a coltivare una linea di potenza autonoma nel grande commercio del petrolio, qualcuno lo aveva ucciso facendo saltare il suo aereo con una bomba, attentato poi fatto passare, con una tecnica che vedremo ripetersi per decenni, per un banale incidente meccanico.

L'Italia aveva margini limitati e il fatto che qui, solo qui, dal 1969, successivo al Sessantotto e anno di grandi lotte operaie, fosse cominciato un rosario quasi quotidiano di violenze politiche e di atti di terrorismo è qualcosa di cui dovremo tenere molto conto.

Non si possono capire le ragioni di Berlinguer isolando la sua linea dal contesto storico ora talmente lontano da apparire sfuocato, quasi impercettibile. Così si rischierebbe di smarrire secondo me, il vero dramma di Berlinguer e quello, parallelo, di Moro.

Berlinguer muore una prima volta il 16 marzo 1978, in via Fani. Lui e Moro cercavano di avvicinare due mondi che si erano combattuti per decenni per consentire alla democrazia italiana di fare il salto. Di passare dal sistema bloccato, un partito sempre al governo e uno sempre all'opposizione, a quello dell'alternanza fondata sul riconoscimento della reciproca legittimità.

È difficile che questo accada oggi, nonostante il Muro sia crollato da quasi trent'anni. Allora in gioco c'erano cose grandi: alleanze militari, ideologie, aree di influenza tra Est e Ovest. E Stati Uniti e Urss seguivano i sommovimenti interni ai Paesi delle due aree con attivistica partecipazione.

Che dei comunisti, per quanto originali come quelli italiani, entrassero al governo, potessero conoscere segreti e strategie della Nato non rassicurava affatto i vertici dell'amministrazione repubblicana di Gerald Ford. E che un partito comunista dichiarasse, come Berlinguer aveva fatto rispondendo in tv a una domanda di Giampaolo Pansa, che si sentiva più garantito sotto l'ombrello della Nato che sotto quello del Patto di Varsavia, non era accettabile per il Pcus, allora dominato da Brežnev, burocrate autoritario.

Tutto questo fu palese quando, circostanza sottovalutata, il Parlamento votò una mozione unitaria di politica estera, facendo vacillare le ragioni residue della discriminazione a governare nei confronti del Pci.

Durante il mio incontro con Arnaldo Forlani, egli ha cercato di smentire l'idea che Moro fosse il più convinto della possibile partecipazione dei comunisti al governo. E per dimostrarlo mi ha raccontato la vicenda relativa al documento del 1977, che lui aveva vissuto dal punto di vista privilegiato di ministro degli Esteri.

«Il fatto più importante nell'evoluzione del Partito comunista si verifica in sede parlamentare nel 1978 quando Natta, presidente del gruppo alla Camera, sottoscrive il documento che indica nell'Alleanza Atlantica e nella Comunità Europea i pilastri della politica italiana. [...] Natta telefonava di continuo a Berlinguer per sottoporgli anche le virgole del documento; così avvenne questa diversa assunzione di responsabilità per una comune linea politica. È vero, c'è stata anche l'affermazione di Berlinguer sul fatto di "sentirsi più sicuro" nell'Alleanza Atlantica, ma su questo c'erano state anche interpretazioni diverse. La firma comune al documento era stata approvata dai nostri gruppi parlamentari, ma chi mi manifestò le maggiori perplessità fu invece proprio Moro che se la prese in particolare con Andreotti.»

Coinvolto in prima persona nella stesura del documento, Forlani tentò in qualche modo di discolpare Andreotti agli occhi di Moro, il quale però si mostrò più cauto e prudente rispetto ad altri avanzando l'obiezione che «da quel momento sarebbe stato difficile ostacolare un ingresso del Pci nel governo del Paese, visto che cadeva sulla politica estera ogni difformità, ogni divergenza sostanziale».

Ma quel documento fu un vero punto di svolta, come sostiene Emanuele Macaluso: «Era il documento di una grande coalizione, come in Germania. In pratica si gettavano le basi politico-culturali che erano del tutto diverse, erano un passaggio di campo netto, perché non si parlava più solo di riforma agraria, di politica dell'industria di Stato eccetera, ma di politica estera. Senza dubbio quindi era in negativo una contrapposizione alla strategia sovietica di negare adesioni proprio al Patto Atlantico, opposto al Patto di Varsavia. Le adesioni riscosse dall'Occidente provenienti da forze che avevano gravitato più o meno dall'altro campo rappresentavano per loro una sconfitta».

A questo punto però, prima di tornare al fatidico 1969, quando Berlinguer diventa vicesegretario del Pci, occorre descrivere l'operato di un suo predecessore, Togliatti.

Il Pci di Togliatti aveva conquistato un ruolo importante nel Paese. Il grande contributo dei comunisti alla lotta di Liberazione, migliaia di combattenti, di imprigionati, di uccisi, il coraggio dei provvedimenti tesi a chiudere la terribile guerra civile che aveva insanguinato il Paese, il senso di responsabilità mostrato dopo l'attentato avevano fatto del Pci un soggetto costituente della democrazia italiana.

C'è, nell'anomalia storica che si costituisce, il segno del pensiero critico di Gramsci, la sua teoria della originalità del processo rivoluzionario in Occidente rispetto alla esperienza sovietica. Senso dello Stato, ancoraggio alla democrazia parlamentare, vocazione popolare consolidata da una fitta rete di organizzazioni sindacali e di massa, rapporto solido con l'intellettualità: tutto questo costituì la materia prima di un grande partito di opposizione. Destinato però a restare tale, in ragione di doppiezze, ambiguità e contraddizioni.

Quel Pci aveva tollerato la prosecuzione di eccidi dopo la Resistenza, aveva taciuto sul destino di tanti comunisti italiani finiti nella macchina di morte staliniana, aveva atteso passivamente, pur conoscendo l'orrore della dittatura sovietica, che fosse Chruščëv a rivelarne la mostruosità, aveva appoggiato la repressione dei patrioti ungheresi e, in generale, continuava a subire una fortissima dipendenza dalla «casa madre» del comunismo mondiale.

Per evitare di fare la storia senza la storia va certamente ricordata l'asprezza di quei tempi di Guerra fredda, ma resto convinto che l'aver mancato l'occasione del 1956, l'aver ignorato non dico la voce di Giolitti e Calvino, e neanche quella di Nenni, ma persino quella del coraggioso Di Vittorio, costretto a un processo politico in Direzione del partito, fece perdere quarant'anni alla sinistra italiana, costringendola all'opposizione e a non varcare mai, con Togliatti, la linea invisibile del 25 per cento.

Dal 1969 in poi valgono le parole che mi ha detto Giorgio Napolitano: «Berlinguer dovette operare sul fronte del superamento di un legame storico di identificazione in larghissima misura del Pci con le posizioni internazionali dell'Unione Sovietica e dovette anche lottare contro un certo antiamericanismo diffuso nelle file del partito, che in parte era il risvolto di quella identificazione con la funzione e il ruolo dell'Unione Sovietica». Si profilava allora una prospettiva di «superamento della democrazia bloccata o della *conventio ad excludendum* nei confronti del Partito comunista, [che] passava attraverso un ripensamento della collocazione internazionale del Pci. Questo è stato, forse, veramente il cuore dell'impegno, molto arduo, di Enrico Berlinguer».

Il nuovo vicesegretario e Luigi Longo assumono prima la posizione di «grave dissenso» sulla invasione della Cecoslovacchia e poi, alla Conferenza di Mosca del 1969 cominciano a delineare una progressiva alterità, che porterà, lo voglio dire in maniera chiara ed esplicita, l'ultimo Berlinguer a dover combattere contro il Pcus che a sua volta boicotta la politica del Pci, sostenendo gli oppositori interni, forse avvalendosi anche dei legami col terrorismo per far saltare la politica del compromesso storico.

È in questo contesto che Berlinguer scrive i tre articoli sul compromesso storico. È il momento decisivo della sua segreteria. Sta proponendo al suo partito un patto con l'avversario, una stagione di collaborazione di governo per uscire dalla democrazia bloccata. Se ne discuterà per mesi, nelle sezioni del Pci, in una delle pagine più belle di storia della democrazia che io ricordi. Milioni di persone, tante erano, partecipavano ad assemblee, che duravano giorni, in cui ciascuno era chiamato a pronunciarsi sul destino del proprio partito e del proprio Paese.

Il segretario, dal 1972, di un partito che si chiamava comunista spingeva il suo popolo all'incontro con il nemico. Perché certo democristiani e comunisti avevano insieme fatto la Resistenza e la Costituzione, ma dalla rottura del 1947 in poi erano stati avversari, ovunque e su qualsiasi tema.

Ora, quando la Dc sembra all'apice della sua crisi e si può intravedere la prospettiva di un cambio di governo, Berlinguer si rivolge proprio all'avversario di sempre e gli propone un accordo, un compromesso che non avrà pudore nel definire «storico».

Si è scritto e detto, più nei commenti successivi che nelle valutazioni del tempo, che questo fu il grande errore di Berlinguer: in quella fase di espansione culturale e politica della società italiana avrebbe dovuto spingere il bottone dell'alternativa e non offrire «una ciambella di salvataggio» ai democristiani.

È opportuno a questo punto sottolineare un dato di fatto. Che valeva allora e, purtroppo per chi scrive, vale ancora oggi. Un dato che la sinistra non vuole guardare, riconoscere, ammettere. Mai, dico mai, la sinistra è stata maggioranza in questo Paese. Non lo fu nel 1948, dopo l'epopea della Resistenza né tantomeno negli anni successivi.

Ma non lo fu neppure al culmine della stagione più esaltante della sinistra di opposizione. Nel 1976 tutta la sinistra – Pci, Psi, Democrazia proletaria, Radicali – non raggiunse il 50 per cento e ammesso, e non concesso, che potesse politicamente e programmaticamente governare insieme, non avrebbe avuto, neanche in quel momento straordinario, i numeri per farlo.

Sarà così fino ai giorni nostri, come dimostra impietosamente una pagina di Wikipedia, «Grafico delle elezioni politiche», che gran parte di dirigenti e commentatori di sinistra dovrebbero sempre tenere davanti agli occhi. E, quando la sinistra è andata al governo, ha dovuto farlo con schieramenti spuri che ne hanno decretato in breve tempo la fine rovinosa e, comunque, sempre con meno del 50 per cento dei consensi.

Per me la ragione storica di questo dato sta nell'errore del 1956. Se allora il Pci avesse rotto con l'Urss, e aveva nella sua cultura alcune basi per poterlo fare, se avesse deciso in quel momento lo strappo che Berlinguer poi fece, la storia d'Italia sarebbe cambiata. Si sarebbe forse costituito un grande partito laburista italiano e il fattore K sarebbe caduto, proprio all'alba di quella modernizzazione industriale e di quella secolarizzazione culturale che obiettivamente potevano costituire, per la sinistra italiana, il brodo di coltura migliore per il suo consenso.

Come ha chiosato Napolitano, quello di Berlinguer segretario è stato un periodo «essenziale per riposizionare il Pci come partito principale della sinistra nell'arena internazionale».

La politica internazionale di Berlinguer va letta attraverso tre lenti diverse: innanzitutto c'è la tradizionale relazione tra il Pci e l'Urss (e attraverso l'Unione Sovietica l'intero mondo dei partiti comunisti) – già complessa nel partito di Togliatti per la volontà di affermare una «via italiana al comunismo» – resa poi ancora più difficile dopo l'occupazione della Cecoslovacchia da parte dei Paesi del Patto di Varsavia con una serie di passaggi che hanno il loro fulcro nella nascita dell'eurocomunismo, con una nuova centralità europea.

In secondo luogo vi è l'intreccio tra le scelte di politica nazionale e quella «internazionale», ovvero come la scelta del compromesso storico e dell'avvicinamento del Pci all'area di governo modifica, senza però dei veri e propri strappi, anche la collocazione internazionale del Pci, su temi come l'adesione all'Europa e alle sue istituzioni, e nelle alleanze militari dell'Italia. È proprio con Berlinguer che si passa dalla posizione tradizionale di uscita dalla Nato al riconoscimento dell'Alleanza atlantica come di un «ombrello» sotto al quale costruire comunque una ipotesi di trasformazione socialista.

Infine la terza «lente» è quella più generale delle relazioni internazionali e delle diverse fasi che gli anni di Berlinguer incrociano, dalla crisi americana in Vietnam alla fine della «prima Guerra fredda» o meglio dal suo attenuarsi attorno alla firma degli accordi di Helsinki (1975), della «seconda Guerra fredda» che scoppia nuovamente in Europa attorno alla vicenda dei missili sovietici SS-20 a cui si contrappongono i missili Pershing e Cruise da parte americana e atlantica, passando anche per le tensioni interne ai Paesi dell'Est – culminate col colpo di Stato in Polonia – e per la politica di potenza sovietica sfociata con l'intervento militare e l'occupazione dell'Afghanistan.

È in tale complesso quadro e nelle interrelazioni fra questi tre piani che va letta l'iniziativa di Berlinguer sul «fronte» delle relazioni internazionali. Eletto vicesegretario del Pci nel giugno 1969 (congresso di Bologna), si trova a dover affrontare pochi mesi dopo la Conferenza mondiale dei partiti comunisti di Mosca. L'idea storica del Pci della via italiana, dell'esistenza di modelli nazionali non coercibili, torna nelle sue parole con una nettezza e anche un'asprezza nuove, legate anche al peso che l'invasione della Cecoslovacchia dell'agosto 1968 ha lasciato nei rapporti tra comunisti italiani e sovietici. «Noi respingiamo il concetto che possa esservi un modello di società socialista unico e valido per tutte le situazioni [...] Noi pensiamo che, nelle nostre condizioni, l'egemonia della classe operaia debba realizzarsi in un sistema pluralistico e democratico. Noi contiamo in Italia perché siamo allo stesso tempo una forza nazionale che non si limita alla propaganda delle conquiste socialiste che si realizzano in altri Paesi, ma elabora e conduce in piena indipendenza la lotta per la rivoluzione socialista in Italia.»

Come si può vedere la prima affermazione sulla via italiana è ottenuta per negazione, rispondendo implicitamente allo schema sovietico, attorno al quale era costruita la Conferenza. Le parole chiave sono «egemonia», «forza nazionale» e «piena indipendenza» che si rifanno alla tradizionale gramsciana e togliattiana con grande forza e con un elemento di novità. Perché Berlinguer nel suo intervento contesta in nuce l'esistenza di «modelli unici» e il ruolo stesso del Pcus come titolato a esprimersi sulla qualità dell'iniziativa politica degli altri partiti comunisti. Egli aggiunge infatti con toni ai quali i sovietici non sono abituati: «Tentare di spiegare ogni divergenza con presunte "deviazioni" da una purezza di cui non si sa bene ci dovrebbe essere il depositario, significa in realtà non solo esasperare le divergenze stesse, ma precludersi la strada a comprendere le ragioni oggettive, gli interessi reali che stanno alla loro origine».

E Berlinguer prende di petto anche la questione dei rapporti tra i diversi Pc e ritorna, in ambito internazionale, al giudizio espresso sulla Cecoslovacchia. «Un altro aspetto essenziale» dice infatti «è quello relativo al tipo di rapporti che devono esistere tra i partiti. La nostra opinione è stata e rimane che, allo stato di maturità e ampiezza raggiunta dal nostro movimento non può esservi un partito-guida, uno Stato-guida. È questa concezione che ha ispirato le nostre posizioni sugli avvenimenti cecoslovacchi: dalla solidarietà al nuovo corso al grave dissenso nei confronti dell'ingresso in

Cecoslovacchia delle truppe del Patto di Varsavia: posizioni che anche qui confermiamo.»

Come leggere queste parole? Come la prosecuzione (magari con un tono meno diplomatico) della tradizionale linea del Pci che punta a non allentare i rapporti con Mosca e insieme a cercare di veder riconosciuta la propria specificità o come l'avvio a una più radicale autonomia? Propendo per la seconda ipotesi, visto che per la prima volta il Pci rifiuta a Mosca di sottoscrivere il documento finale, firmandone solo un capitolo. Anche se da parte di Berlinguer non vi è certo una voglia di rottura, ma il tentativo (riuscito) di evitare scomuniche. D'altra parte è lo stesso Berlinguer in una riunione della direzione del Pci di pochi mesi prima, svolta in preparazione della Conferenza, che afferma: «È difficile pensare che oggi, di colpo, la Direzione del Pcus passi ad ammettere la legittimità del dissenso e l'accettazione del principio dell'unità nella diversità. Io mi rifiuto di pensare che questo passaggio possa avvenire tranquillamente... si pone il problema del dissenso anche all'interno se si ammette sul piano internazionale».

E questo segnala anche la comprensione di come il ruolo particolare del Pci potesse riverberarsi persino all'interno dei singoli Paesi e nelle relazioni tra i diversi partiti comunisti. Non è un caso che il Pci in occasione della conferenza avesse lavorato per evitare una rottura o scomunica anche della Cina (erano avvenuti da poco scontri armati sul fiume Ussuri tra truppe sovietiche e cinesi), non per condivisione delle posizioni di Pechino, ma perché ogni scomunica poteva costituire un precedente.

E va probabilmente rilevato che questa posizione del Pci abbia permesso ai comunisti italiani di superare l'impatto della contestazione giovanile del 1968-1969. Per lo stesso motivo l'aprirsi dalla fine del 1969 della torbida storia di quella che chiamiamo strategia della tensione abbia visto elementi nazionali e internazionali impegnati contro la crescita della sinistra in Italia e di nuovi fermenti e mutamenti dell'opinione pubblica. È lungo questa faglia che dalla fine degli anni Sessanta si arriverà ai grandi mutamenti di opinione pubblica (registrati dal sismografo elettorale) del triennio 1974-1976.

Dentro questo passaggio avviene, credo, un mutamento di percezione in Italia della posizione del Pci, legata anche all'allentamento della Guerra fredda e alla diminuzione degli elementi identitari legati agli schieramenti internazionali: forse persino più di quanto non fosse percepito da Berlinguer e dal Pci, nell'opinione pubblica italiana non comunista le vicende del Vietnam e della Cecoslovacchia hanno messo in luce una maggiore passività tra le forze filoamericane di quanta non ne avesse avuta il Pci rispetto all'intervento sovietico. E gli Usa perdono per strada il fascino degli anni di Kennedy per assumere il volto di Nixon e delle uccisioni dei civili nel Sudest asiatico. Così forse la posizione del Pci, che era apparsa nel passato più tattica che di sostanza, nelle parole (non del tutto nuove ma ferme) di Berlinguer appare credibile e apre un varco. Al tempo stesso la sconfitta americana in Vietnam inaugura una fase nuova della distensione internazionale che il Pci coltiverà e attorno alla quale lavorerà sia in chiave internazionale sia nazionale.

È nei primi anni Settanta che si colloca, per altro, un episodio a cui la storiografia sembra assegnare un ruolo marginale (o talora negare del tutto): quello dell'incidente all'auto in cui si trovava Berlinguer durante una visita ufficiale in Bulgaria. Se (come lo stesso Berlinguer accennò a Emanuele Macaluso e ai suoi familiari) si è trattato di un tentato omicidio (certo la ricostruzione ufficiale fa acqua da tutte le parti), allora sarebbe più chiaro come i dirigenti comunisti internazionali (Sofia era all'epoca subordinata a Mosca e mai avrebbe assunto una decisione così grave senza l'avvallo almeno ufficioso di una parte importante del Pcus) valutassero la figura di Berlinguer. D'altra parte un personaggio poi divenuto collaboratore di Gorbačëv come Anatolij Černjaev ebbe a scrivere, parlando del politico italiano, che dopo l'intervento alla Conferenza di Mosca «il suo carattere e forte intelletto si percepivano chiaramente. E per i nostri capi era visibile un pericolo sotto questo profilo».[1]

Un altro degli snodi nell'evoluzione della posizione di Berlinguer in politica estera è certamente l'intervista concessa a Giampaolo Pansa a pochi giorni dal voto del 20 giugno 1976 (la campagna che soprattutto per i media garantiva il «sorpasso» e che certo apriva la possibilità di accesso al governo dopo gli straordinari risultati delle amministrative del 1975). Dopo aver affrontato le questioni interne, davanti a una domanda sulla Nato, presentata dal giornalista come uno «scudo» dalle ingerenze sovietiche, Berlinguer risponde: «Non desidero affatto l'uscita dell'Italia dalla Nato, perché dentro il Patto Atlantico, sotto questa organizzazione, l'Italia, oltre che contribuire a consolidare gli equilibri internazionali, può costruire il socialismo nella libertà [...] Mi sento più sicuro stando di qua [...] non appartenendo l'Italia al Patto di Varsavia, da questo punto di vista c'è l'assoluta certezza che possiamo procedere lungo la via italiana al socialismo senza alcun condizionamento».

È interessante notare come «l'Unità» (che aveva ricevuto il testo dell'intervista letta, corretta e «vistata» da Berlinguer in persona e quindi consegnata a Pansa e al quotidiano del Pci) abbia pubblicato in contemporanea col «Corriere» un

[1] Riportato in Silvio Pons, *Berlinguer e la fine del comunismo*, Einaudi, Torino 2006 che cita il libro di Černjaev, *La mia vita e il mio tempo*, Mosca 1995.

testo da cui era espunto proprio il «mi sento più sicuro stando di qua» e il riferimento allo «scudo». Pansa racconta che questa omissione lo spinse a chiamare Pavolini per chiedere se fosse stato lui l'artefice di quel taglio. «Lui mi disse» afferma Pansa in una intervista a Erbani su «la Repubblica» del 25 maggio 2000 «che mai avrebbero potuto fare una cosa del genere. Fu lo stesso Berlinguer a cassare quelle frasi. Non voleva che su quell'affermazione ci fosse il bollo dell'organo comunista. Era la politica dei due passi avanti e uno indietro.» È lo stesso Pansa a raccontare che qualche giorno dopo incontrò Armando Cossutta «che sbottò: "Questa a Enrico gliela farò pagare". Testuale». Il «Corriere» aveva pubblicato l'intervista sotto il titolo (che Berlinguer definì «sensazionalistico») *Berlinguer conta anche sulla Nato per mantenere l'autonomia da Mosca*, «l'Unità» la pubblicò per ampi stralci sotto il titolo a due colonne *Non si governa senza il Pci*.

Berlinguer tornò il giorno successivo su questi temi sempre su domanda di Giampaolo Pansa durante la *Tribuna politica* Rai che chiudeva la campagna elettorale e articolò così la sua risposta: «Mi pare che sia un po' un paradosso dire che il Patto Atlantico difende quello che viene definito l'eurocomunismo. Noi abbiamo dichiarato, e ripetiamo, che siamo contrari a che l'Italia esca dal Patto Atlantico per ragioni che abbiamo spiegato più volte. Noi, infatti, riteniamo che avendo proceduto particolarmente negli ultimi tempi alla distensione sulla base di un equilibrio delle forze, il turbamento di questo equilibrio – quale sarebbe rappresentato inevitabilmente dall'uscita di un Paese o dell'altro dall'uno o dall'altro blocco – turberebbe il processo generale della distensione. Questa è la ragione fondamentale per cui noi pensiamo che l'Italia debba rimanere del Patto Atlantico. In quest'area del mondo in cui noi siamo e vogliamo restare, cioè nell'area dell'Europa occidentale, noi siamo però consapevoli che non soltanto esistono dei tentativi di interferire nella libera scelta del popolo italiano o di altri popoli per costruirsi un proprio futuro – tra l'altro le ricordo che questo Patto Atlantico che viene presentato come scudo di libertà, è un patto che ha tollerato per anni la Grecia fascista, il Portogallo fascista – ma pensiamo anche che per costruire il socialismo che noi vogliamo, il socialismo nella libertà che è la grande carta di tutta l'Europa occidentale per salvarsi della propria decadenza [...] sia più conveniente stare in quest'area. Questo ci garantisce un socialismo quale noi lo vogliamo, appunto un socialismo nella libertà, un socialismo di tipo pluralistico». La versione data in tv (e pubblicata, questa sì, integralmente dall'«Unità») è certamente più vicina a quella tradizionale del Pci, che motiva in chiave «strategica» la permanenza nella Nato e che replica ai titoli (lo «scudo») che all'intervista erano stati dedicati dai giornali, anche se la sostanza resta.

Che esito hanno le dichiarazioni di Berlinguer sul piano internazionale? Dagli Stati Uniti Kissinger non manifesta alcun interesse a vedere il differenziarsi del Pci dal Pcus, apparendogli solo una posizione propagandistica e non essenziale nel quadro delle relazioni internazionali. E in Urss? Sulla base anche di documenti sovietici, alcuni pensano che l'uscita di Berlinguer non solo non abbia irritato l'Urss, ma che anzi da questa fosse sostanzialmente voluta.

Eppure, nelle affermazioni di Berlinguer ci sono insieme a posizioni note anche cose per nulla scontate. Una volta Ceauşescu, incontrando Berlinguer, gli riportò le parole pronunciate da Brežnev nel corso di un summit del Patto di Varsavia. Il segretario del Pcus – secondo il leader rumeno, allora considerato tra i più aperti nel blocco orientale – era stato irritato dalle posizioni del segretario del Pci viste come tentativi di «seminare illusioni sulla possibilità di una democratizzazione della Cee e di nascondere il fatto che il processo di integrazione (e l'elezione del Parlamento europeo) sono diretti in egual misura contro i Paesi socialisti e contro le forze rivoluzionarie dell'Occidente, nonché il tentativo di presentare la Nato non già come una alleanza aggressiva ma come strumento di difesa».[2] La sostanza, allora, è che l'Urss non puntava allo scardinamento delle due alleanze che dominavano la divisione dell'Europa ma non aveva nessun desiderio che un leader comunista accettasse la definizione della Nato come di uno scudo e affermasse che questa era il luogo migliore per far crescere una società socialista e non solo per motivi di propaganda ma perché queste affermazioni finivano per essere più destabilizzanti della rituale (e del tutto inefficace) richiesta di uscita dell'Italia dall'Alleanza atlantica.

C'è da chiedersi, allora: che cosa era stata l'intervista a Pansa? Un tentativo in chiave elettorale di rassicurare l'opinione pubblica moderata? Il vero pensiero di Berlinguer era invece quello fatto passare sull'«Unità»? Credo di no, l'elaborazione di Berlinguer, non senza fatica, riserve e pressioni interne per rallentare la corsa, è quella uscita nell'intervista al «Corriere». Il problema che si pone allora rigurada il corpo del Pci e la sua capacità di metabolizzare questi elementi di novità e di non viverli come una semplice tattica elettorale.

Nel 1978 Marzio Barbagli e Piergiorgio Corbetta in «Una tattica e due strategie» fotografano lo stato d'animo della base comunista in riferimento al doppio asse compromesso storico-rapporti con l'Urss. Gli iscritti sono contrari al compromesso storico: solo il 13 per cento condivide la strategia di un accordo con la Dc, il 59 per cento ritiene sia solo una tattica per arrivare a un governo delle sinistre,

[2] Incontro Ceauşescu-Berlinguer del 19 gennaio 1977, in Apc, Note alla Segreteria, mf 0288, p. 197.

l'8 per cento crede che porti a un governo del solo Pci, il 20 per cento resta ostile al compromesso storico sia come tattica sia come strategia. I due sociologi della politica fanno anche notare che minore è l'ammirazione degli iscritti per l'Urss, maggiore è la condivisione del disegno strategico di Berlinguer; maggiore è l'ammirazione, più ampia è l'adesione all'idea che si tratti di pura tattica.

Il grande sforzo ideale e organizzativo che ha cambiato il quadro intermedio del Pci in questi anni (nei quali mi sono accostato al partito, se la nota autobiografica non stona) ha portato nei posti di responsabilità, nelle federazioni e spesso nei consigli comunali, giovani cresciuti nella fase tempestosa del Sessantotto e assai lontani dal mito sovietico. Il partito però è ancora lontano dall'aver innervato con la sua sensibilità l'opinione profonda di una base di militanti che, dopo la flessione seguita al 1956, sta tornando a crescere modificata anche nei suoi caratteri sociali ma che non ha perso ancora la cultura che lega l'appartenenza al Pci con Unione Sovietica.

Anche nel gruppo dirigente di vertice del Pci si manifestano differenze quando non vere e proprie divisioni, e non solo con la vecchia guardia (partecipano ai lavori della direzione Arturo Colombi, presidente della Commissione centrale di controllo e Umberto Terracini che ha però sempre manifestato posizioni di larga autonomia) o con la componente più schiettamente filosovietica rappresentata da Armando Cossutta. C'è anche un forte legame, anche antropologico, tra dirigenti non certo dogmatici come Bufalini, Pajetta e lo stesso Amendola. Berlinguer, che appartiene invece alla generazione dei trentenni cresciuti da Togliatti per assumere le posizioni di cariche direzionali col rinnovamento del XX Congresso del 1956 (Natta, Napolitano, Reichlin, Macaluso, Tortorella, Pecchioli, Di Giulio...) sta percorrendo la sua strada di cambiamento che interpreta con originalità, ma non senza ritardi e fasi di stallo.

Proprio Macaluso mi ha detto di distinguere nel gruppo dirigente tra chi fece della Rivoluzione d'ottobre la propria scelta di vita e chi no: «Non dobbiamo dimenticare che il Partito comunista, anche con Gramsci e le tesi del '26, aveva davanti a sé la prospettiva della rivoluzione in Europa. Quando, soprattutto dopo il disastro tedesco con l'arrivo di Hitler, la prospettiva rivoluzionaria e insurrezionale è sconfitta e si va verso i fronti popolari, e quindi il mutamento dell'Internazionale del '35, è allora che i partiti comunisti cambiano». Comunque, tutti avevano un rapporto quasi carnale con i sovietici, «anche quando c'era una critica, seppur ferma e decisa, era una critica che non prevedeva una rottura drastica con quella tradizione. [...] C'era questo rapporto che nell'altra generazione, quella di Enrico, non c'era pur essendo cresciuta con quel gruppo dirigente, non aveva quel rapporto quasi di sangue, di ferro e fuoco».

Passerà poco più di un anno dall'intervista al «Corriere» e dai risultati elettorali del 1976 che apriranno la strada disagevole dei governi dell'astensione, prima di ritrovare nuovamente Berlinguer su una ribalta mondiale. Forse la più difficile. L'occasione è il sessantesimo anniversario della Rivoluzione d'ottobre che vede a Mosca tutti i dirigenti dei Pc mondiali. Un evento «inevitabile» a cui si arriva dopo una lunga sorda querelle sovietica contro l'eurocomunismo (anche se stavolta la parte dell'estremista non tocca al Pci ma al vecchio Carrillo, segretario del Partito comunista spagnolo, autore di un pamphlet per nulla diplomatico sui rapporti con Mosca e il socialismo reale) e in una fase di polemica molto dura tra russi e cinesi.

Berlinguer arriva nella capitale consapevole di questo clima, consegna il testo del discorso che avrebbe pronunciato dalla tribuna del Cremlino. Gli dicono che avrà dieci minuti a disposizione ma che può prendersene anche dodici-quindici. Letto il testo, però, i sovietici fanno sapere che ne avrà soltanto sette. Berlinguer parlerà per sei minuti e trenta secondi ricevendo sette secondi di applauso, il più breve di quella celebrazione. È un discorso asciutto, che «l'Unità» pubblica per intero in prima pagina con un titolo anodino, *La solenne celebrazione di Mosca*, e due sottotitoli, uno per Berlinguer e uno per Brežnev. Quello del segretario del Pci recita: *Il movimento socialista e il cammino del Pci*. Parole che non aiutano a capire. Proprio per la sua brevità, il discorso appare particolarmente efficace: «Per quanto riguarda i rapporti tra i partiti comunisti e operai – dice, non senza aver ricordato encomiasticamente il ruolo storico dell'Ottobre – essendo pacifico che non vi possono essere partiti che guidano e altri che sono guidati, lo sviluppo della loro solidarietà richiede il libero confronto delle opinioni differenti, la stretta osservanza dell'autonomia di ogni partito e della non ingerenza negli affari interni». E, dopo aver ricordato il percorso compiuto dal Pci aggiunge: «L'esperienza compiuta ci ha portato alla conclusione che la democrazia non è soltanto il terreno sul quale l'avversario di classe è costretto a retrocedere, ma è anche il valore storicamente universale sul quale fondare una originale società socialista. Ecco perché la nostra lotta unitaria [...] è volta a realizzare una società nuova – socialista – che garantisca tutte le libertà, personali e collettive, civili e religiose, il carattere non ideologico dello Stato, la possibilità dell'esistenza di diversi partiti, il pluralismo della vita sociale, culturale, ideale».

È un passaggio chiave, quello in cui si afferma la democrazia come valore universale, un passaggio che va oltre la tradizionale richiesta di una «via italiana» e democratica alla costruzione di una società socialista. Tutti i caratteri di questa società indicata da Berlinguer sono in conflitto con l'esperienza del socialismo reale in Urss.

Stavolta l'effetto dell'intervento di Berlinguer è immediatamente percepito, almeno in Italia. La Malfa parla di «svolta politica nettissima. Dopo questo discorso è diventato impossibile – se non commettendo una grave disonestà intellettuale – contestare al Pci una diversa collocazione internazionale [...] Qualche cosa deve accadere adesso».[3]

Moro farà passare qualche giorno in più ma, durante un discorso tenuto a Benevento, afferma parlando del Pci che «la sua evoluzione è innegabile. Le enunciazioni di principio sono chiare e significative». Nei mesi che seguiranno si aprirà la strada a un governo che vede il Pci nella maggioranza. Si tratta del governo Andreotti, che nascerà però sotto il colpo durissimo del rapimento di Moro e l'uccisione della sua scorta. E a questo punto sarebbe ingeneroso chiedersi se il passo avanti compiuto da Berlinguer sia un passaggio tattico nella marcia di avvicinamento al governo del Paese.

Non è così. È però evidente che il compimento del compromesso storico, pur con tutti i limiti che ben conosciamo, e la questione dei rapporti con Mosca siano legati. Vedremo che i passi successivi, all'inizio degli anni Ottanta, saranno compiuti in un clima interno mutato senza però che il ritorno all'opposizione significhi arretramento della decisione di Berlinguer di rompere con il Pcus. Al contrario.

Un ruolo particolare nella vicenda dei rapporti internazionali del Pci riveste l'idea dell'eurocomunismo, ovvero di una specificità più larga di stampo europeo occidentale rispetto alla sola via italiana. I soggetti sono ovviamente i pochi partiti comunisti che hanno mantenuto (in un caso riconquistato) una dimensione di massa: il Pcf di Georges Marchais, il Pce di Santiago Carrillo (che proprio nella metà

[3] Intervista a La Malfa su «la Repubblica», 6 novembre 1977.

degli anni Settanta torna legale e acquisisce una posizione importante nel passaggio democratico della Spagna post-franchista). Fuori dall'eurocomunismo resta il Pc portoghese di Álvaro Cunhal che, tornato legale dopo la «rivoluzione dei garofani», sembra avvicinarsi agli elementi più estremisti delle forze armate del suo Paese. Ciò che rende comune i problemi dei tre partiti proprio in questo scorcio di anni non sembra essere il quadro internazionale e i rapporti con Mosca (Marchais, come del resto è nella tradizione del Pcf, manterrà posizioni ideologiche sempre vicine a quelle del Pcus), bensì la possibilità per i tre partiti comunisti di avvicinarsi all'area di governo. Un'operazione complessa di cui il Pci e Berlinguer sono sempre stati animatori.

Che cosa voleva essere l'eurocomunismo? Un contraltare al ruolo che l'internazionale socialista aveva sullo scenario europeo e comunitario? Un contrappeso alla posizione dominante dell'Urss e del blocco socialista? Innanzitutto era il tentativo di dare un significato alla scelta europeista del Pci e alla nascita del primo Parlamento europeo eletto a suffragio universale (la decisione è del 1976 e le prime elezioni popolari avvennero nel giugno del 1979): se lo scenario comunitario diveniva anche uno scenario politico sovrannazionale, l'idea di avere un ruolo importante nei partiti comunisti dei Paesi che vi aderivano era certamente un passo in avanti.

Leggendo le carte del Pci si ha l'impressione che non tutti nel partito abbiano elaborato una uguale percezione dell'eurocomunismo. La storica diplomazia del Pci, animata soprattutto da Pajetta, continuò in tutti questi anni a tessere una tela complessa guardando soprattutto a quei partiti comunisti che storicamente erano interessati a sostenere il tentativo italiano delle specificità nazionali (prima di tutto la Jugoslavia di Tito, ma anche l'Ungheria di Kádár e la Romania di Ceauşescu). È in questa tela che sembrano inserirsi le relazioni con Pcf e Psoe. Di questi partner abbiamo visto con quanta diffidenza si parlasse nelle sedi riservate del dibattito comunista italiano. L'irritazione per l'irruenza di Carrillo emerge anche dal dibattito nella direzione del luglio 1977.

Pochi giorni più tardi una delegazione italiana, composta da Adalberto Minucci e Giuliano Pajetta, sarà a Madrid. La riunione viene aperta dal resoconto degli incontri con Suslov e Ponomariov. La nota (probabilmente di Minucci) è dettagliata e poco diplomatica. Vi si dice che «nel corso di uno scambio di battute scherzose (Carrillo) ha fatto capire che non gli era piaciuto il comunicato sui colloqui di Mosca» e che il segretario del Pce aveva spiegato: «A proposito del mio libro. Lo spirito con cui l'ho scritto era quello di liberare il nostro partito da vecchi tabù e posizioni dogmatiche». Carrillo riporta un'analisi allarmata sugli sviluppi della polita internazionale sovietica: «Non solo l'Urss ma tutti i Paesi socialisti (compresa la Cina) erano entusiasti della politica di Nixon e di Kissinger, perché era una politica basata sulla difesa a oltranza dello status quo». Sulla politica di Carter, aggiunge: «Temono qualsiasi cosa metta in discussione lo status quo, e che la distensione stessa (come noi e voi vogliamo) porti a una progressiva dissoluzione dei blocchi. Se si giungesse al superamento dei blocchi gli Usa avrebbero maggiori possibilità di egemonia, non solo sui paesi dell'Ovest ma anche su quelli dell'Est: non solo per la superiorità economica e tecnologica, ma anche su altri terreni. Non credo che l'Urss oggi possa far valere una superiore condizione sociale e umana e un modo di vita più ricco di contenuti ideali e umani. La linea eurocomunista tende a una Europa autonoma [...] ma i sovietici non la vogliono [...] Ecco perché io temo che il sistema politico attualmente in vigore nell'Urss finisca per costituire un ostacolo a nuovi più avanzati sviluppi del processo di distensione».[4]

Ecco, un'analisi come questa sulla natura delle società socialiste e sul loro ruolo sullo scacchiere internazionale nel Pci non c'era.

La sconfitta elettorale del 1979 (il Pci perde quattro punti), la delusione per l'esperienza del governo Andreotti, l'appesantirsi della situazione sociale, l'esplodere degli scandali come quello dei petroli che portò in carcere l'ex comandante della guardia di finanza e fece emergere un gigantesco giro di guadagni illecite e mazzette agli esponenti di Dc, Psdi, Psi, segnano nel novembre del 1980 la fine dell'esperienza di unità nazionale e il lancio di una prospettiva di «alternativa democratica».

Anche il quadro internazionale è tornato cupo. Da una parte, il confronto sul terreno europeo sui missili di teatro sovietici SS-20 a cui gli americani rispondono con la decisione di collocare sul territorio europeo e italiano missili nucleari Pershing e Cruise. Dall'altra, l'invasione sovietica dell'Afghanistan e il riesplodere su un altro teatro della *confrontation* russo-americana sembrano riportare indietro l'orologio della storia agli anni più duri della Guerra fredda. Ma nel Pci non scatta il vecchio riflesso pavloviano degli anni Cinquanta. Certo sui missili c'è una richiesta di non istallazione dei vettori e delle testate americane nell'Europa occidentale, ma c'è anche la richiesta di smantellamento e di fine della produzione degli SS-20, cosa che irrita i sovietici. Sull'Afghanistan c'è una esplicita condanna dell'invasione.

[4] Apc, documenti della segreteria «Nota sul viaggio a Madrid e Barcellona dei compagni A. Minucci e G. Pajetta», mf 0299, pp. 228 e segg.

Dopo un comunicato della Direzione, sarà nuovamente Berlinguer, il 7 febbraio 1980, ad andare in tv intervistato da giornalisti di diverse testate a spiegare la posizione del Pci: «Per quanto riguarda gli avvenimenti dell'Afghanistan noi abbiamo riprovato nettamente l'intervento sovietico e le ritorsioni americane [gli Usa avevano annunciato sanzioni economiche e anche sul terreno delle relazioni a tutti i livelli compreso il boicottaggio delle Olimpiadi di Mosca, *N.d.A.*]. Il nostro giudizio complessivo è che questi fatti insieme a molti altri hanno contribuito al deterioramento grave della situazione. In questo quadro è necessario che le forze che si muovono per rilanciare la distensione agiscano ed esercitino una funzione moderatrice nei confronti dei due grandi».

Il linguaggio è particolarmente involuto, ma l'atteggiamento di equidistanza nei confronti di Usa e Urss è chiaro e l'appello alle forze che lavorano per la distensione guarda stavolta soprattutto alle forze europee e anche all'Internazionale socialista. Berlinguer concorda con la richiesta dell'Internazionale per il ritiro delle truppe sovietiche dall'Afghanistan, ma chiede iniziative affinché questo fatto possa verificarsi e «non rimanga soltanto una parola d'ordine e quindi in fin dei conti una formula di propaganda». Prosegue poi: «Oggi la situazione è molto tesa e tende verso il peggio. Bisogna creare un disgelo, bisogna riaprire la via del dialogo [...] In ogni caso la richiesta del ritiro è giusta e va mantenuta». È chiaro che le forze che vogliono la distensione non sono nei Pc del blocco orientale che esaltano l'intervento sovietico, e ormai neppure in quello che era stato il tentativo ormai scolorito dell'eurocomunismo. Certo, però, mettere sullo stesso piano l'intervento militare e l'annuncio del boicottaggio economico indebolisce la posizione del Pci.

Il problema è che la posizione del Pci è particolarmente difficile, visto che l'invasione arriva mentre il partito è impegnato ormai da tempo nel precario equilibrio tra la lotta contro il dispiegamento dei missili americani nell'Europa occidentale e in Italia, e il tentativo di non apparire come il difensore del blocco sovietico. Da qui una serie di proposte tese a riaprire i contatti diplomatici tra i due blocchi che contenevano anche la richiesta di smantellamento degli SS-20 sovietici, missili balistici moderni e potentissimi in grado di colpire sul teatro europeo e mediorientale. Un impegno generoso e difficile che irritava sia il governo italiano e i Paesi Nato sia l'Urss. L'invasione toglieva spazio all'iniziativa del Pci e allontanava anche da ogni possibile dialogo relativo al dispiegamento dei missili.

Sarà però la lunga crisi in Polonia, culminata con il colpo di Stato, a consumare l'ultimo strappo. La crisi polacca presenta somiglianze con la precedente crisi cecoslovacca e con quella più lontana dell'Ungheria nel 1956. Ma presenta anche forti differenze. L'attenzione per le forti proteste sociali prima a Danzica poi in tutto il Paese, la reazione del Partito comunista polacco e più in generale del blocco sovietico, produssero nel Pci una immediata attenzione e una serie di iniziative politiche. Mentre all'interno della Polonia si discuteva sull'apertura di una trattativa e sulla possibilità di legalizzare Solidarność, il movimento sindacale animato da Wałęsa e Kuroń, nel resto del blocco sovietico si iniziava una campagna estremamente aspra che mirava a rispondere duramente agli scioperi e a instaurare uno stato di emergenza anche con supporto di truppe del Patto di Varsavia.

È in questa fase che la direzione del Pci, il 20 novembre 1980, approva un documento riservato da inviare a tutti i Pc. Il nocciolo di quel documento era «nelle due pagine finali e cioè nel disastro che significherebbe ogni azione di forza da una parte e dall'altra. Bisogna mettere l'accento sui danni alla distensione e alla convivenza pacifica in Europa» come disse Berlinguer.[5]

Insomma la preoccupazione è per un nuovo intervento e il punto su cui si batte Berlinguer per cercare di evitarlo è la difesa della distensione, un argomento tradizionale sul quale si è sempre manifestata una almeno formale composizione e vicinanza anche coi sovietici. In realtà il documento è più complesso, contiene un giudizio politico sulla natura della rivolta sociale e politica di quel periodo (e anche quindi sui suoi soggetti, come Solidarność) che si invitava a riconoscere. Premeva la preoccupazione a non ripetere una nuova Cecoslovacchia, ma era ancora poco chiara la differenza tra quanto era avvenuto a Praga e quanto stava accadendo a Varsavia. Se infatti nella primavera di Dubček il conflitto era stato all'interno del Pc, dove i riformatori si erano scontrati con l'ortodossia e con le ferree regole dei rapporti all'interno dell'impero sovietico, in Polonia la novità è quella della dimensione sociale e politica del movimento, sostanzialmente esterno al partito e dotato di cultura politica come quella cattolica con influenze del dissenso comunista come quella di Jacek Kuroń. Mentre nel 1968 la scelta a favore di Dubček fu semplice e immediata (cosa c'era di meglio di un comunista che volesse cambiare il suo Paese nel senso di una via nazionale e democratica al socialismo), stavolta – fu Pajetta con la sua proverbiale franchezza a dirlo – «chi sosteniamo: il nuovo corso di Wałęsa o quello di Kania?» (l'allora segretario del Poup dal settembre del 1980 dopo le dimissioni di Gierek travolto dalla protesta e costretto alla fine del 1981 a lasciare il suo posto a Jaruzelski).

Il Pci non rispose a questa domanda e forse non ne valutò neppure le implicazioni, tanto che quando Rubbi fu inviato a Varsavia per incontrare Kania e presentargli la lettera della

[5] Apc, Direzione verbali, mf 8106, p. 129.

direzione (che nelle intenzioni italiane doveva essere un appoggio alle sue aperture e un monito contro interventi esterni) dovette registrare invece come il Poup, anche nelle sue frange più avanzate, continuasse a dipingere la rivolta di Solidarność come una sovversione fomentata dall'imperialismo. E Rubbi fu tanto preveggente da ritenere, come si evince dalla sua nota ai colloqui, che l'equilibrio instabile della Polonia forse non avrebbe portato a un intervento militare esterno ma a una «stretta autoritaria all'interno».[6]

La «stretta» ci fu e si manifestò con un colpo di stato da parte del generale Wojciech Jaruzelski. E mentre il lungo anno della crisi polacca aveva portato a un riallineamento all'interno del blocco comunista (anche le colombe Kadar e Ceausescu si schierarono con i duri Honecker e Husák per non parlare dei sovietici ispiratori dell'irrigidimento) coinvolgendo anche i partiti comunisti occidentali che un tempo avevano animato l'eurocomunismo, il Pci non si fece risucchiare. Berlinguer, ancora una volta a *Tribuna politica*, prima ribadisce la reazione a caldo assunta dalla direzione che esprimeva «ferma condanna dello stato d'assedio proclamato in Polonia, la condanna degli arresti e della soppressione delle libertà democratiche e sindacali» e la richiesta che «gli arrestatati vengano rilasciati e le libertà ripristinate» ma si spinge oltre. «Quello che è avvenuto in Polonia ci induce a considerare che effettivamente la capacità propulsiva di rinnovamento delle società – o almeno di alcune società – dell'Est europeo è venuta esaurendosi. Parlo di una spinta propulsiva che si è manifestata per lunghi periodi e che ha la sua data di inizio nella rivoluzione socialista di Ottobre [...] Oggi siamo giunti ad un punto in cui quella fase si chiude». A tale fase Berlinguer contrappone due risposte:

[6] Apc Estero, 1980, «Nota ai colloqui con i dirigenti del Poup», mf 8101, pp. 93 e segg.

la prosecuzione del processo della distensione e l'avanzata di un nuovo socialismo «a Ovest che sia inscindibilmente legato ai valori e ai principi della libertà e della democrazia».[7]

La fine della spinta propulsiva diventerà una formula storica. È il punto più avanzato a cui arriva Berlinguer nel lungo cammino del rapporto tra Pci e il comunismo internazionale. Lui, un uomo tutto interno a un partito che da quella spinta aveva preso le mosse sessanta anni prima. In questi anni la generazione che lo ha preceduto sta avviandosi a uscire di scena (penso a due grandi personaggi come Pajetta e Bufalini da poco fuori dalla segreteria ma ancora molto influenti), mentre la sua generazione è ormai matura e una nuova «guardia» comincia ad affacciarsi in vario modo avendo come battistrada Achille Occhetto, il più giovane del vecchio gruppo dirigente.

Questi passaggi apparivano alla generazione a cui appartengo, quella che aveva fatto il suo ingresso nel Pci di Berlinguer a cavallo tra gli anni Sessanta e gli anni Settanta, in qualche modo scontati. E semmai la questione che si poneva fin da allora era come portare il Pci oltre quella tradizione politica che si dichiarava conclusa. Mi ha detto Sergio Segre, allora uno dei responsabili della politica estera del Pci, che «Brandt ha influenzato molto Berlinguer, quando gli ha detto: "Voi contate e avete un peso crescente se siete in quel mondo lì. Se ne uscite non c'è più nessuno che vi guarda, non contate più niente". Questo era un discorso che aveva una sua logica abbastanza stringente e Berlinguer era piuttosto convinto di questa realtà».

Dove portare la grande forza popolare e politica del Pci dopo la rottura con l'Urss? Poteva quel partito, restan-

[7] Dall'«Unità» del 18 dicembre 1981 che titolava, finalmente con un po' di chiarezza, *Berlinguer: con l'esaurirsi a Est della capacità di rinnovamento si deve aprire una fase storica nuova*.

do lo stesso, diventare parte organica della famiglia del socialismo?

A questa domanda, però, Berlinguer, che pure della tradizione del comunismo italiano era il più avanzato, non voleva e forse non poteva rispondere. Ma quando, cinque anni dopo la sua morte, la crisi mortale del mondo comunista arrivò al suo epilogo, quel Pci lasciato in eredità da Berlinguer fu l'unico a trovare nel suo zaino la forza e le idee per un cambio radicale.

La storia dirà la sua su quel passaggio drammatico. Nei giorni del crollo del Muro di Berlino e della strage di piazza Tienanmen, il giovane gruppo dirigente del Pci si trovò ad assumere una decisione drammatica. E fece la scelta giusta, ne sono sempre più convinto. Il merito fu del coraggio di Occhetto che si prese sulle spalle la responsabilità di dire che quei fatti non potevano più essere condannati come episodi ma confermavano definitivamente che, nella realtà della storia, la grande utopia umanitaria del comunismo si era trasformata, al potere, in sistemi autoritari che avevano cancellato il primo dei diritti: la libertà dei cittadini. Proprio perché il Pci aveva avuto Gramsci alle sue origini e Berlinguer al suo epilogo poté evitare a se stesso il destino che tutti, dico tutti, i partiti comunisti dell'Occidente avranno: la totale estinzione. Dalla fine del comunismo, come realtà e come utopia, non discese in Italia la fine della sinistra. Fu merito di un partito che aveva dentro di sé il germe della cultura critica e un radicamento autentico nei valori della libertà.

Occhetto non distrusse il Pci, come per anni è stato detto, perché il Pci, oggi è chiaro, era finito quel giorno a San Giovanni. Era finito con la morte dell'uomo che l'aveva portato al punto più alto possibile. Occhetto, e noi con lui, consentimmo alla parte viva di quella storia di continuare e, per me, di far germogliare il meglio della sua cultura democratica e nazionale. Per questa via la sinistra democratica tutta ha potuto governare il Paese. Personalmente penso poi che la scelta di definirsi «democratici» sia stata e possa essere il modo migliore per far valere quell'intreccio di radicalità, libertà e riformismo che è stato il vero assente della storia nazionale. Tutto questo è nato, non senza errori e limiti soggettivi e oggettivi, anche, e molto, dalla originalità storica, culturale e politica del Pci che Berlinguer aveva modellato con coraggio innovatore. La parola comunista in Italia è stata identificata con Berlinguer e con la sua politica. Morto lui, quella parola, poi travolta dalle macerie del Muro, ha perso fascino ed è diventata poco spendibile. La prova del nove? Il fatto che, dopo il 1984, nessuno dei mille tentativi di usare quella parola è mai riuscito a conquistare il consenso popolare minimo per sopravvivere.

Seppur per breve tempo, nella prima metà degli anni Settanta, l'Italia fu sul punto di cambiare. L'incredibile rivoluzione sociale e di costume che si era prodotta dalla fine degli anni Cinquanta aveva completamente modificato il paesaggio sociale e le domande di libertà e diritti crescevano prepotentemente in ogni campo della vita pubblica. Mutava il concetto di famiglia, con le grandi leggi civili di quegli anni, si concedeva il voto ai diciottenni, si affermavano diritti sindacali mai riconosciuti prima. La società affluente reclamava, come in tutte le fasi di crescita, più autonomia e più indipendenza. Tra quella coscienza diffusa, quello *Zeitgeist*, e l'immobilità di un Paese sempre uguale si aprì una dicotomia gigantesca.

Il Pci seppe interpretare questa esigenza perché mutò se stesso. Fu il capolavoro di Berlinguer. Che alla natura storica e indiscussa del partito come forza di difesa dei più deboli aggiunse un discorso rivolto a ogni italiano, ben oltre le frontiere ideologiche, non basse, di quegli anni. Si distaccò dall'Urss, scelse la Nato e la fedeltà atlantica, non alimentò guerre di religione, fu portatore di un'idea dell'economia in cui pubblico e privato potessero convivere, interpretò un bisogno di moralità della vita pubblica e di rispetto delle regole che lo metteva in relazione con le migliori culture del tempo.

Fece, insomma, del Pci un partito non ideologico. Un partito che si chiamava comunista ma sapeva ospitare al suo interno anche chi non era ideologicamente comunista.

È il senso della frase che dissi in tempi non sospetti. Sono stato sempre orgoglioso di essere stato militante e dirigente del Pci di Berlinguer ma non ho mai creduto nella dittatura del proletariato, nella nazionalizzazione dei mezzi di produzione, nel partito unico. Mi sentivo parte del mondo simboleggiato da Kennedy, non di quello rappresentato da Brežnev. Ma questo, in Italia, mi portò a essere nel Pci, nel Pci di Berlinguer.

Giorgio Gaber, meraviglioso irregolare, ha raccontato come meglio non si potrebbe le mille ragioni per le quali in Italia milioni di persone, uno su tre, votava Pci. Il partito di Berlinguer era quello dell'onestà, della speranza civile, del riscatto sociale. Era composto e diretto da persone che credevano in quello che dicevano, oneste e colte, e da milioni di semplici cittadini che sentivano di partecipare a un progetto generale e riempivano la loro esistenza del significato, civile e morale, di un'identità laica, di una missione in cui la parola politica trovava, nelle assemblee dei gruppi di contadini o nelle cellule di fabbrica, il suo senso popolare più vero.

Il Pci di Berlinguer fu questo. Fu una forza riformista, consapevole dell'interesse generale della nazione, che non aveva il coraggio di riconoscersi come tale. Non fece il salto, Berlinguer. Non portò, come forse sarebbe stato naturale, il Pci nella famiglia del socialismo europeo. Ma queste sono considerazioni odierne, le più inutili storicamente.

Berlinguer portò al limite la sua identità, cercando, era la sua ossessione, di tenere unito un partito, di non dissolvere una comunità.

I giorni cruciali, per lui e per la storia d'Italia, sono quelli dell'estate del 1976. È difficile spiegarlo, forse anche ricordarlo. Mi può aiutare in questo una scelta che ho fatto nella realizzazione del mio film su Berlinguer, in cui ho cercato di mettere in sequenza le immagini della notte di gioia a Botteghe Oscure per il successo alle elezioni del 20 giugno con quelle cupe dell'inaspettata contestazione al Festival di Ravenna della Fgci e con quelle ancora più disperate della Festa del proletariato giovanile di Parco Lambro. Tra le une e le altre, tra la felicità e la rabbia, passano poche settimane.

«È ora, è ora, è ora di cambiare. Il Pci deve governare» avevano gridato per anni milioni di persone che poi, con questo spirito, avevano fatto la croce sul «primo simbolo in alto a sinistra» della scheda elettorale.

Un mese dopo quella gioia, temperata dal fatto che la Dc era rimasta il primo partito e aveva recuperato voti sulle regionali dell'anno precedente, si formò il governo, grazie all'astensione del Pci. Lo presiedeva Giulio Andreotti, lo stesso che con sublime cinismo era stato premier quattro anni prima del governo della svolta a destra; i ministri erano tutti democristiani, i soliti, quelli di sempre.

Perché Berlinguer fece quella scelta? Andreotti era, anche se non tutto si sapeva allora, un uomo che non poteva piacere a Berlinguer. «Il potere logora chi non ce l'ha» è il manifesto di una concezione mefistofelica della vita e della politica. Perché Berlinguer decise di depositare i voti e le speranze che con tanta fatica aveva conquistato sul tavolo del più ineffabile esempio del continuiamo del potere italiano?

Per senso di responsabilità e per il timore, «l'assillo» lo chiamerà, che in quel tempo storico la democrazia potesse precipitare. Se il Pci si fosse ritratto dalla difficile sfida di governo, si sarebbe andati a nuove elezioni. L'inflazione era al 16,7 e si sarebbe creato un clima terribile, in caso di elezioni anticipate. Moro sarebbe stato sconfitto da una linea di ritorno al muro contro muro e al Pci si sarebbe fatto pagare il rifiuto ad avviare la legislatura. Berlinguer era in trappola, confezionata dalle elezioni con due vincitori.

Pensò che fosse meno doloroso sacrificare una parte della carica e della domanda di innovazione pur di non facilitare una svolta di tipo reazionario. Era convinto che Moro sarebbe arrivato al porto che ambedue avevano indicato come approdo del viaggio: una collaborazione che legittimasse poi l'alternanza. Si fece carico degli interessi del Paese e li fece prevalere su quelli della sua parte. Fu vero statista, non capopartito. Ma furono giorni drammatici, uno dei crocevia della storia del dopoguerra italiano.

Tutto cambiò, l'estate diventò inverno e il giorno notte. Quell'attesa, che era stata alimentata dalla vittoria del referendum e dalla conquista l'anno prima di tante città e regioni alla sinistra, si tramutò in una cupa e sorda rabbia e nella disperazione politica che si saldò con l'affievolimento della crescita e con l'emergere di iniquità strutturali della nostra economia: la disoccupazione giovanile e femminile.

Forse, quella mattina del 16 marzo – quando la notizia lo raggiunse nella stanza del gruppo parlamentare in cui discuteva con Natta il da farsi di fronte a un monocolore Dc vecchio e inaccettabile – Berlinguer pensò che ciò che era accaduto in via Fani era la più tragica conferma della giustezza delle preoccupazioni che lo avevano spinto a proporre il compromesso storico come l'unica via per sbloccare la democrazia italiana.

Claudio Signorile mi ha rivelato che Moro pensava a una piena partecipazione del Pci al governo alla fine del 1978: «Devo sottolineare che Berlinguer si comportò da uomo politico e da uomo di Stato, pur avendo seri problemi a portare il gruppo comunista a votare la fiducia al governo Andreotti. È bene correggere l'idea di un Berlinguer romantico sognatore di austerità o seguace di strategie fumose e astratte. Negli anni di cui sto parlando fu forte, intelligente e attento sostenitore di uno sbocco politico organico, seppure come ipotesi concordata allora fra Berlinguer e Moro, e Ancora ne era testimone, al quale partecipavano tutti i partiti collocati nella maggioranza con una presenza di ministri comunisti, cosa che avrebbe segnato grandi cambiamenti. Questo è un passaggio di una delicatezza estrema, molto riservato, di cui eravamo in pochi a sapere. Era uno degli elementi sui quali venne fatta una polemica anche strumentale all'interno dei partiti, però era una soluzione molto importante e forte che fa comprendere il rapimento e la morte di Moro in una chiave un po' diversa».

Nessuno dica, certo non lo ha detto a me Alberto Franceschini, uno dei fondatori delle Br, che in quei cinquantacinque giorni, e forse anche prima e dopo, non ci siano state mani esterne nella gestione politica del rapimento Moro. Il comitato che si riuniva, al tavolo di Cossiga, era composto solo da membri della P2, attorno alla vicenda del lago della Duchessa si mosse la banda della Magliana e ormai vi è prova certa che per molte potenze straniere era preferibile che Moro morisse.

Allora cambiò l'Italia e si aprì un tempo terribile, di instabilità e immobilismo, di cui vi è traccia nell'incredibile raddoppio del debito pubblico che passò dal 59,45 del Pil nel 1978 al 115,66 del 1993. Il Paese si avvitò in una crisi devastante, con l'inflazione a due cifre a erodere redditi e pensioni. Fu allora che Berlinguer indicò, con un'altra innovazione anche linguistica spiazzante, l'austerità come modello a cui ancorare una nuova fase dello sviluppo possibile. Non era l'esegesi del pauperismo, ma l'idea che la nuova ricchezza si dovesse fondare su modelli compatibili: socialmente ed ecologicamente. Ma quella società rivendicava il pane e le rose e non ascoltò la previsione di un uomo politico colto e coraggioso.

Dopo la morte di Moro e la conseguente fine della solidarietà nazionale, anche Berlinguer entra in una fase diversa.

Una chiave, per capire quegli anni, è il rapporto tra le diverse forze di sinistra. Il Psi e il Pci facevano di tutto per non incontrarsi mai. Quando Berlinguer sosteneva il compromesso storico, Craxi si faceva paladino dell'alternativa di sinistra e quando poi, dopo il 1980, il Pci sposò quella linea il Psi scelse il pentapartito.

Nel marzo 1990 Massimo D'Alema e io incontrammo, durante il congresso socialista di Rimini, Bettino Craxi, allora accompagnato da Giuliano Amato. Parlammo a lungo, anche per conoscerci. Craxi era un uomo intelligente e nonostante molto ci dividesse, forse nel nostro colloquio c'era una curiosità reciproca. I contenuti di quell'incontro, una bella e franca discussione politica, sono sempre restati riservati. Come allora si era capaci di fare.

Posso dire oggi una cosa che non ho mai dimenticato. Pur essendo tra i meno in sintonia con la linea del Psi di allora, ero però convinto che una politica di alternativa, costruita su un riformismo vero e radicale e che vedesse i due partiti impegnati, ciascuno con la sua autonomia, in una prospettiva comune di alternativa alla Dc avrebbe potuto conquistare il favore del Paese. Il Muro era crollato, con enorme dispiacere di Andreotti, che vedeva in esso la ragione della sua stessa forza, e la società era bisognosa di una svolta che mutasse il destino politico italiano.

Craxi mi guardò e mi disse: «Tu sei convinto che in Italia sia possibile una maggioranza delle sinistre? Berlinguer ha cercato di convincermi molte volte di questo. Io penso di no». Per lui la condizione era un riequilibrio dei rapporti di forza a sinistra. Ma questo tema, dopo il 1989, aveva per me perso ogni ragionevole senso.

È un fatto, in ogni caso, che i rapporti tra Psi e Pci erano arrivati, negli ultimi mesi di vita di Berlinguer, ai minimi termini.

A proposito della terribile rivendicazione dei fischi con i quali il segretario del Pci fu accolto al congresso di Verona del Psi, Francesco Piccolo ha scritto nel suo *Il desiderio di essere come tutti*: «Il mio rapporto con Craxi, di simpatia o antipatia, di speranza per un'alleanza tra socialisti e comunisti e il resto che (non) ne conseguì, è finito nell'attimo in cui ha detto, studiando così bene le pause, che non aveva fischiato perché non sapeva fischiare».

Si persero molte occasioni per il dialogo. La più importante fu per me la Conferenza programmatica del Psi del 1982 in cui furono fatti da molta parte dell'intellettualità riformista discorsi interessanti a proposito del «bisogno e del merito» e delle necessarie riforme istituzionali.

Fatto sta che la divisione a sinistra e la scelta del Psi per un accordo di potere con la Dc che non impresse alcuna innovazione riformista al corso del Paese, finirono per generare un'atmosfera opprimente e chiusa che culminò con l'esplodere di quella questione morale che Berlinguer aveva denunciato in una famosa intervista a Scalfari. Aveva ragione lui e l'avrebbe ancora oggi.

Come ha dichiarato Scalfari ricostruendo il pensiero di Berlinguer, non si trattava «di trovare delle persone di partito che fanno reati nel senso che usano denaro pubblico per scopi privati e comunque illeciti. Di questo si occupa la magistratura. La questione morale era che i partiti avevano occupato le istituzioni e dovevano andarsene». Berlinguer disse proprio: «Compreso il nostro, ma solo su un livello locale, cioè nelle regioni dove abbiamo la maggioranza». Occorreva quindi «disoccupare le istituzioni. La questione morale è nell'averle occupate».

E, a proposito della diversità comunista, la sensazione di Scalfari è che Berlinguer la richiamasse come monito in primo luogo dentro il suo stesso partito, anche in termini di stile di vita dei dirigenti, pena un adeguamento alla «moralità» degli altri partiti. Ricorda poi, come esempio, l'estrema sobrietà degli alloggi di Pajetta e di Parri, che pure non era comunista.

E Tortorella ha aggiunto, a corroborare: «Bisogna leggere i suoi discorsi, non solo le interviste, in cui parla del suo partito e se la prende con tante cose che non funzionano. Si vede in trasparenza che la questione morale si applicava anche al proprio partito e riguardava come deve essere costituito un tessuto connettivo nuovo perché si era lacerato».

In quegli anni Berlinguer pensa che si sia aperta una fase difensiva e che sia in corso un attacco a conquiste fondamentali dei lavoratori. Per questo si chiude su molte questioni sociali e frena sulle riforme istituzionali. Difende la lotta disperata degli operai della Fiat, lotta senza prospettive che sarà sconfitta rovinosamente e aprirà la strada a quella marcia dei quarantamila troppo presto etichettata come manifestazione reazionaria. Tortorella ha saputo fare luce sulle vere intenzioni, ovvero «non tanto di difendere quella lotta, bensì di ricucire un rapporto, di dimostrare una solidarietà anche in una cosa un po' rischiosa e ai limiti, che però la federazione di Torino appoggiava».

Questa strategia gli consente di tenere il suo partito al 30 per cento. Ma è una forza che fatica a spendersi e, soprattutto, che sembra aver esaurito la sua fase espansiva. C' è bisogno di più, molto di più.

Lo stesso Tortorella, che di Berlinguer fu uno dei collaboratori più fidati, dice che la sua vera ambizione era il bisogno di cambiamento, «avvertito da Berlinguer in modo quasi drammatico perché la spezzatura di quello che si chiamava «internazionalismo proletario» nei tempi antichi, di questo legame, di questa fratellanza, arrivati a quel punto, dopo il 1980, era ormai definitiva e obbligava ad avere una nuova piattaforma, perché eravamo soli».

Berlinguer, in quel tempo, deve ridefinire una credibile prospettiva politica e cerca di fondare un'identità del partito che regga alla sfida del tempo. Sa che una storia è finita. La sua generazione fa fatica – la caduta del Muro è difficilmente prevedibile e comunque lontana nel 1984 – a immaginare un approdo di tipo compiutamente riformista. Però intuisce che bisogna ricostruire un'identità su basi non ideologiche e cerca nel nuovo che cresce, rivoluzione delle donne, cultura ambientalista e innovazione tecnologica, suggestioni atte a ridefinire le architravi di una sinistra moderna.

Una sua bellissima intervista sul 1984, profetizzato in termini catastrofici da Orwell, restituisce l'immagine di un uomo incuriosito dal futuro e convinto che in quel nuovo mondo si giocherà l'eterna partita tra idee di progresso e conservazione.

Così Berlinguer arriva a Padova. La sua lotta con la morte è spiegabile solo col senso di una vita. Per lui la politica è una missione, crede in quello che fa. Non cerca il potere per scorciatoie e non lo considera un mezzo.

Vuole arrivare a ogni costo alla fine di quel comizio perché cerca disperatamente di dire a tutti ciò a cui ha ispirato la sua vita e, ora, la sua stessa morte. Cerca di dire una cosa semplice e grande.

La politica, quella vera, è una cosa bella.

Walter Veltroni

Quando c'era Berlinguer

I testi che seguono sono frutto della trascrizione delle interviste realizzate durante le riprese del film *Quando c'era Berlinguer*.
Si ringraziano Sky, Palomar e tutti gli intervistati per aver concesso l'utilizzo delle loro testimonianze.

1

Bianca Berlinguer

Mio padre

Papà ha sempre tenuto nettamente distinta la vita privata dalla vita pubblica. Anche se non ne abbiamo mai parlato esplicitamente, credo che questa sia stata una scelta giusta. Era un uomo sobrio e misurato, e aveva pudore dei propri sentimenti: sia nell'esprimere felicità che malinconia. Perciò ci ha sempre protetto dallo sguardo indiscreto degli altri.

La sua personalità fu segnata dalla morte prematura della madre, preceduta da lunghe assenze e vuoti, determinati da una malattia, encefalite letargica, che la fece scomparire via via dalla vita dei suoi figli ancora bambini. Quando è morta, papà aveva solo quattordici anni e io ho sempre sentito dire dalle zie, che hanno avuto un ruolo importante nella sua vita, che quel dolore profondissimo lo aveva condizionato in maniera indelebile.

Da quel momento, papà, zio Giovanni e nonno si erano legati moltissimo tra loro. Quando, nel 1969, mio nonno morì, fu la sola volta in cui vidi papà piangere. Da questo forse il suo carattere introverso. E tuttavia questi suoi tratti di riservatezza e di serietà non devono far pensare in alcun modo che fosse una persona triste.

Al contrario poteva essere estroso e molto allegro ma la sua allegria era sempre misurata, mai chiassosa e mai ostentata.

Ricordo tanti momenti di gioia della nostra infanzia. Il tempo a disposizione non era molto, è vero, però quando stavamo insieme, lui era tutto per noi: non c'erano distrazioni o impegni politici. Quando eravamo bambini, ogni volta che poteva, trascorrevamo la domenica insieme. Uscivamo la mattina per rincasare la sera, si organizzavano escursioni che duravano l'intera giornata. Sceglieva attività che ci piacevano, e che credo piacessero anche a lui. Per esempio andavamo a fare delle gite fuori Roma, sempre in luoghi un po' impervi. Dovevamo camminare a lungo, portavamo i panini, facevamo i picnic. Tutte cose che i bambini adorano. Andavamo spesso al lunapark dell'Eur e per noi era una grande festa, visto che c'erano tutti i giochi possibili e immaginabili. Un altro appuntamento fisso, quando arrivava a Roma, era il circo di Liana Orfei, diventata poi un'amica di famiglia. L'ultima volta che ci siamo andati era il 1984, pochi mesi prima della sua morte. Alle gite domenicali si univa spesso zio Giovanni con i suoi tre figli che avevano la nostra stessa età.

Un'altra abitudine sempre rispettata, quando papà si trovava a Roma, era quella di pranzare tutti insieme molto tardi, tra le 14,30 e le 15,00, perché a quell'ora finiva la sua mattinata di lavoro. Quando lui se n'è andato, è stata dura abituarsi a non ricevere più la telefonata che annunciava il suo arrivo imminente: perché, intorno a quel tavolo da pranzo, per anni eravamo cresciuti, ci eravamo informati l'uno dell'altro, avevamo fatto domande e ricevuto risposte, litigato e urlato, eravamo stati una vera famiglia. Una famiglia numerosa, con i problemi di tutte le famiglie ma molto molto legata.

Siamo sempre andati in vacanza insieme. Anche quando eravamo grandi, almeno quindici giorni li abbiamo sempre passati con loro. D'estate andavamo in Sardegna, e da piccoli a volte capitava di partire scaglionati perché c'erano spesso crisi di governo tra luglio e agosto. Quando era tutto pronto per andare a Stintino, capitava che ci dicessero: «Non si parte più». Noi figli andavamo ospiti da famiglie amiche e papà e mamma ci raggiungevano appena possibile. Allora a Stintino c'era poca gente e pochissimi turisti: nessun albergo e rari negozi. Ci si conosceva tutti perché si andava lì da sempre. Era molto bello perché trascorrevamo intere giornate sulla barca a vela, quella di Paolo, il cugino di papà, che la lasciava a noi quando tornava al lavoro, a Sassari.

Sin da bambino, papà amava il silenzio del mare e il vento forte. A Stintino si usava veleggiare sulle imbarcazioni dei pescatori, gozzi di legno con la vela latina che, non avendo la deriva, venivano zavorrati con grandi pietre. Tutti fin da piccoli siamo stati abituati a manovrare quelle vele. Si stava in barca fino alle nove, nove e mezzo di sera e poi si tornava a casa. Per papà, il maestrale e il mare grosso erano una sfida. Quando il vento era particolarmente intenso, lui, Paolo e pochi altri si avventuravano e due, tre volte sono tornati con fatica e con le vele strappate. Mamma ci scherzava su: «Papà dice sempre che se potesse scegliere come morire vorrebbe che accadesse in mare e continua a provarci seriamente». Certo che amava davvero il mare e la barca e voleva stare sempre al timone, perché è lì che si decide la rotta: «Tira su il fiocco, arma la vela, metti i terzaroli».

Si andava soprattutto all'Asinara, dove si poteva sbarcare perché all'epoca i detenuti di quella colonia penale non erano considerati pericolosi. Altre volte scendevamo sull'isola Piana, uno scoglio in mezzo al mare lungo un chilometro e ottocento metri che mio padre aveva ereditato dalla madre che l'aveva acquisita dopo un'asta. Siccome era affittata a pascolo ed era piena di zecche, appena tornavamo in paese dovevamo fare subito il controllo della testa per evitare di averne presa qualcuna. Su quell'isoletta fu costruita una sgradevole speculazione che addolorò mio padre. Gli venne attribuito il possesso di un bene di chissà quale valore e con esso di innumerevoli proprietà terriere in Sardegna.

Partecipavamo ogni volta che si poteva anche alla sua vita pubblica. Fin da bambini, naturalmente quando non c'era scuola, lo seguivamo anche alle manifestazioni, ai congressi, ai comizi. Per evitare ingiustizie tra di noi, facevamo i turni, una volta partiva uno, una volta un altro e poi un altro ancora.

A casa nostra si è sempre parlato di politica. Le discussioni potevano farsi vivaci sia tra noi e papà sia tra papà e mamma, che teneva molto alla sua autonomia di giudizio.

Si discuteva, però papà non si opponeva mai alle nostre scelte, non ci ha mai imposto le sue aspirazioni, ci rispettava, insomma. Non credo che coltivasse un progetto preciso per noi. Quando è morto, io che ero la più grande avevo ventiquattro anni, e la più piccola, Laura, appena quattordici. Qualche anno prima avevo già deciso di fare la giornalista. Non so se fosse proprio quello che si augurava per me, ma io glielo avevo annunciato. E lui non aveva mostrato né grande entusiasmo né aperta disapprovazione. Mi aveva consigliato di studiare l'arabo e io per due anni ci ho anche provato ma, devo dire, senza alcun beneficio. Sia lui che mamma ci tenevano a che fossimo bravi a scuola, ma non sempre lo siamo stati e abbiamo avuto, come tutti i ragazzi, i nostri momenti di difficoltà.

Papà partecipava alla nostra vita scolastica come poteva. Ci aiutava in storia e filosofia, le due materie che amava. Per tutta la vita, ha sempre cercato il tempo per leggere e rileggere testi di filosofia e la grande letteratura classica. A volte tornava tardissimo la sera, all'una di notte, e per aiutarci si metteva sui libri anche a lungo.

Quando frequentavo l'università, appena finito un esame gli telefonavo e Anna, la sua segretaria, qualunque fosse la riunione in corso, mi rispondeva: «Te lo passo subito. Aspettava questa chiamata».

Gli capitava raramente di perdere la pazienza. Succedeva quando noi figli, ancora piccoli, litigavamo in continuazione. O quando, tornato a casa per dormire venti minuti, lo svegliavamo con le nostre urla.

Siamo andati spesso insieme all'estero. Nel 1979, in Unione Sovietica. Erano gli anni del terrorismo. Non potevamo recarci in Sardegna perché la casa che affittavamo non veniva considerata sicura. Avevamo passato due estati all'Elba, ma era stata una vacanza molto difficile perché eravamo costretti a vivere come blindati. Così decidemmo di andare in Unione Sovietica e papà subito prima di partire ci disse: «Ricordatevi che in questi Paesi ci sono microfoni dappertutto, dunque attenti a quello che dite». Nelle residenze ufficiali che ci venivano assegnate, per parlare liberamente andavamo in giardino oppure per strada, luoghi dove non era possibile collocare microfoni. Ricordo molto bene quel viaggio, che durò quindici giorni e toccò Jalta, Mosca e Leningrado, l'attuale San Pietroburgo. Avevo diciannove anni ed ebbi dall'inizio alla fine la sensazione inequivocabile di una grande freddezza dei sovietici nei confronti di papà e di papà nei loro confronti. Una percezione palpabile e un gelo anche umano oltre che politico. I dirigenti del Pcus che incontravamo non perdevano occasione di fare battute che sottolineavano la distanza tra loro e il Pci. Io avvertivo che il fossato era ormai incolmabile, anche perché non si trattava di una tensione recente. Già due anni prima in un intervento in occasione del sessantesimo anniversario della Rivoluzione d'ottobre a Mosca mio padre fece un discorso di radicale rottura dove affermò che il Partito comunista italiano voleva realizzare il socialismo, nel pieno rispetto di tutte le libertà democratiche individuali e collettive, compresa quella religiosa. E un decennio prima, nel 1969, durante la conferenza dei partiti comunisti aveva già espresso posizioni autonome.

Dunque, nel 1979 il distacco dall'Unione Sovietica era ormai definitivo e se tardò ancora a renderlo esplicito fu per una costante e direi drammatica consapevolezza della necessità di portare l'intero partito su tale posizione, senza correre il rischio di rivolte interne o di scissioni laceranti.

Nella villa dove ci avevano sistemato a Jalta, c'era un notevole apparato di sicurezza. Il controllo era soffocante: fino al punto di voler decidere dei nostri bagni, proibiti se il mare era un po' mosso. In quel caso, se ci avvicinavamo all'acqua ci gridavano: «Berlinguer, no!!!» (ci chiamavano tutti Berlinguer). Noi, ancora adolescenti, ci lamentavamo: «Non ci fanno fare neanche il bagno». Allora papà si metteva a capo della nostra piccola rivolta, si immergeva lui per primo, seguito da tutti noi. E gli uomini della sicurezza a quel punto erano costretti a tuffarsi anche loro.

A Sofia invece era andato da solo, nell'ottobre 1973. A casa si parlò più volte di quell'incidente, avvenuto l'anno dopo la nomina a segretario e che per la sua dinamica gli apparve da subito molto sospetto. Nei Paesi comunisti, infatti, quando si muovevano i dirigenti tutte le strade venivano sgombrate e sorvegliate. Poi passava la polizia con la sirena. Quella volta, lui raccontò che immediatamente dopo il passaggio della macchina della sicurezza, da una strada laterale sbucò all'improvviso un camion militare che centrò in pieno, in quel lungo corteo di automobili, proprio quella dove sedeva papà. L'auto andò a sbattere contro un palo e si fermò sul bordo di un cavalcavia. L'autista fu ferito gravemente e l'interprete seduto vicino al lui morì. Papà ne uscì miracolosamente illeso, però aveva sbattuto violentemente la testa. I bulgari gli dissero che avrebbe dovuto restare ricoverato in osservazione per 48 ore. E lui, che già sospettava, rispose che avrebbe dovuto fare un comunicato pubblico per spiegare in Italia quanto era successo e giustificare il ritardo del suo ritorno. Appena accennato alla possibilità di rendere pubblico l'incidente, i dirigenti comunisti accettarono l'immediata partenza.

Già dalla Bulgaria per telefono manifestò a mamma i suoi sospetti e arrivato in Italia ne parlò apertamente con Emanuele Macaluso che aveva dimostrato di credere assai poco all'incidente, decidendo comunque – in assenza di ulteriori prove – di non rendere noto quanto sospettavano.

Con gli anni del terrorismo la vita di papà cambiò radicalmente. Non poteva uscire senza la macchina blindata e aveva una scorta molto consistente, soprattutto quella del partito, che provvedeva alla vigilanza del segretario sia sotto casa che durante i suoi spostamenti. Di conseguenza, anche la nostra vita dovette cambiare. Pure uscire una sera a mangiare una pizza, diventava complicato perché implicava che altri dovessero sacrificarsi per proteggerci. E così tutte le feste, i Natali, le Pasque, da allora le passammo sempre a casa nostra e non più come in passato dalla nonna. A quel punto, fu inevitabile che, con grande semplicità, gli uomini della vigilanza entrassero a far parte della nostra famiglia. E Alberto Menichelli e poi Dante Franceschini, Pietro Alessandrelli, Lauro Righi, Roberto Bertuzzi, Luca Neri, Alberto Marani e Otto Grassi oltre a tutelare la vita di papà, divennero amici, quasi parenti.

I miei genitori tuttavia furono bravi nel far pesare il meno possibile su noi la tensione di quanto stava succedendo. Cercarono, e ci riuscirono, di farci fare una vita molto simile a quella dei nostri coetanei. Anche nei momenti in cui arrivavano segnalazioni o minacce riguardanti non solo lui ma anche i familiari, non c'è mai stata drammatizzazione. La prima preoccupazione era sempre quella di tranquillizzarci e in ciò mia madre fu saggia almeno quanto mio padre.

L'unica volta in cui si parlò esplicitamente di un possibile attentato nei confronti di Berlinguer, fu durante il sequestro di Aldo Moro. Credo che quelli siano stati i giorni più drammatici della sua vita politica, anche sotto il profilo umano. Il rapimento del leader della Dc durò cinquantacinque giorni e furono durissimi per tutti. Mio padre non ha mai avuto esitazioni riguardo la linea della fermezza, perché riteneva che una trattativa con i terroristi avrebbe legittimato le Brigate rosse come soggetto politico e interlocutori dello Stato. Pensava che questo fosse un errore gravissimo e un oltraggio per tutte quelle famiglie colpite dal terrorismo. Quando giunsero le lettere di Moro, così umane e così giustificate in quelle condizioni, papà chiamò noi figli più grandi e disse: «Se dovesse succedere un giorno a me, sappiate che la mia decisione in piena autonomia è che non ci sia mai una trattativa con le Brigate rosse. E se anche io dovessi chiederla dalla prigione del popolo, voi dovete rispettare la mia volontà espressa da uomo libero in questo momento».

Le ultime ore che ho trascorso con papà me le ricordo benissimo. Lui stava per partire per quel viaggio da cui non sarebbe tornato. Lo chiamai perché dovevo andare in Sardegna e avevo capito che l'ora della partenza più o meno coincideva con la sua. Lo raggiunsi a Botteghe Oscure e andammo insieme a Fiumicino. Lui era diretto a Genova da dove poi si sarebbe spostato a Padova. Quella è stata l'ultima volta che l'ho visto vivo.

Di papà mi mancano tantissime cose, quelle che mancano a una figlia il cui padre se n'è andato troppo presto, quando tutti noi eravamo ancora molto giovani. Il rapporto quotidiano, che non abbia potuto conoscere la nostra vita da adulti e che non abbia saputo niente di quello che avremmo fatto. Mi sarebbe piaciuto chiedergli mille volte: «Cosa pensi di questo? Come valuti questa mia scelta? Come giudichi questa o quella situazione politica?». Il dispiacere più grande è che non abbia potuto conoscere i nostri figli: Letizia, Caterina, Giulia, Enrico e la figlia di Marco che sta per nascere.

Se poi mi chiedi che cosa sia mancato al Paese con la sua scomparsa, ti rispondo che forse è mancata la sua capacità di offrire una speranza a milioni di persone. Ce ne siamo accorti un minuto dopo la sua morte. Dall'ospedale di Padova, dovevamo andare a Mestre per accompagnare la salma che sarebbe partita con l'aereo del capo dello Stato, Sandro Pertini. Pioveva quel giorno, erano più o meno le quattro del pomeriggio, e ci mettemmo tantissimo per arrivare perché molte persone erano scese spontaneamente per strada, formando dei cordoni, per salutarlo un'ultima volta. Quando arrivammo all'aeroporto, io e mamma ci guardammo per un istante e da quello sguardo capii che anche lei era rimasta sorpresa da così tanta partecipazione. Sicuramente c'era anche prima quell'atteggiamento: capitava infatti per strada che in tanti lo volessero abbracciare, stringergli la mano, dirgli due parole. Però quella manifestazione così forte di affetto, che anche oggi, a distanza di trent'anni, sento proiettarsi su di me in quanto sua figlia, ecco, quello forse lo abbiamo capito davvero solo allora.

Il giorno dei suoi funerali è stato molto difficile. Vivere in pubblico un dolore privato così grande e così improvviso, è stata una fatica enorme. Impegnativo e allo stesso tempo bello – ricorro a un termine che mai avrei usato allora – perché l'emozione di tutta quella piazza ci ha toccato profondamente. Mentre guardavo quella folla che soffriva, non dico quanto noi perché il dolore di una figlia o di una moglie non è mai comparabile a quello di nessun altro, pensavo: «Quando tornerete a casa, troverete vostro padre. Stasera quando io tornerò a casa, mio padre non ci sarà». L'abbraccio di tutte quelle persone fu una straordinaria consolazione, ma non poteva colmare un'assenza incolmabile.

Credo che quel giorno rappresentò anche un po' la fine del Partito comunista italiano, per come è stato in Italia con tutta la sua straordinaria originalità.

2

Alberto Menichelli

Il mio capo

Il mio rapporto con Berlinguer è iniziato purtroppo in concomitanza di un evento triste, la morte del padre Mario. Credo fosse il settembre 1969. Già c'era nell'aria qualche avvisaglia del golpe Borghese, la situazione non era tanto tranquilla e quindi la segreteria del partito ha voluto mettergli a fianco un compagno. Lui era contrarissimo ad avere un compagno come scorta, gli piaceva molto guidare la macchina, e invece gli hanno quasi imposto questa misura di sicurezza. All'inizio ha accettato, ma con riserva: «Che sia un provvedimento provvisorio». Difatti io, provvisoriamente, sono stato quindici anni con lui!

Il primo giorno è stato piuttosto difficile anche perché, a noi della vigilanza, Berlinguer incuteva una certa soggezione e comunque un grande senso di rispetto. Non era semplice stare con lui, infatti nei primi tempi ci si limitava a «Buongiorno» la mattina e «Ci vediamo domani» a fine giornata. Era abbastanza pesante, perché non riuscivi a capire se andava bene o se andava male. Sapevi di essere un intruso dentro quella macchina. Poi però, piano piano, l'atmosfera si è sciolta e si è instaurato un rapporto molto bello, molto stretto. Anzi, questa è una cosa che posso dire con orgoglio: io mi potevo permettere alcune licenze che ad altri non erano concesse, compreso Tatò. Per esempio lo prendevo in giro, per come si vestiva, per il Cagliari, la Lazio, la Roma... tutte cose belle.

Poi ci capitava di vederci anche fuori dall'orario di lavoro, dato che la segreteria mi aveva imposto addirittura di non lasciargli la macchina. Non dovevo lasciargliela assolutamente e allora succedeva che il sabato pomeriggio o la domenica mattina gli portavo i giornali, lui usciva con Lauretta, la figlia più piccola, e... devo dire che le prime volte che sono andato a San Pietro è stato con Berlinguer. Un giorno un gruppo di suore lo ha incontrato e riconosciuto, e lo ha salutato così: «Buongiorno eccellenza» e lui sottovoce ha detto: «Meno male che non mi hanno chiamato eminenza». Questo era Berlinguer.

Durante le festività di Natale o di Capodanno, anche se avrebbe voluto uscire, si tratteneva perché sapeva che avrebbe impegnato sette persone e allora rinunciava. A me questo dispiaceva tantissimo. Passare le feste di Natale in famiglia, come tutti, per lui non era possibile. Allora una volta l'ho portato con noi alla scuola di partito di Frattocchie, dove avevamo organizzato un bel cenone, con la tombola e grandi risate insieme a tutte le nostre famiglie. È stato veramente bello.

Non è vero che Berlinguer fosse un uomo triste, proprio no. Gli dava molto fastidio che si pensasse questo di lui, perché non lo era affatto, anzi lo definirei abbastanza spiritoso. Voglio raccontare un aneddoto: lui era complice negli scherzi che facevamo, intendo noi quattro della scorta, anche perché le giornate erano lunghissime, il clima un po' pesante, persino pericoloso, e allora si cercava di scherzare. Mi ricordo che una volta eravamo alla festa dell'Unità di Tirrenia noi della vigilanza, tra cui Dante Franceschini, di recente scomparso all'età di 92 anni. Era lui il fulcro degli scherzi. Appena arrivati in albergo, ho chiamato subito il capocuoco, gli ho indicato Franceschini e ho detto: «Guardi, quel signore lì è di molto appetito, purtroppo però ha l'ulcera allo stomaco perforata. Mi raccomando, quando ci porta da mangiare gli dia porzioni ridotte». Questa storia è andata avanti per quattro giorni senza che Franceschini sospettasse nulla. Berlinguer tutti i giorni mi chiedeva: «Ma se n'è accorto?». «Ancora no.» «Ma è possibile?» «Eh no, ancora no.» Finalmente a Franceschini si accende la lampadina e dice: «Secondo me questo cameriere ce l'ha con me. Perché mi porta meno roba?». Questi erano gli scherzi che faceva Berlinguer. Addirittura se andavamo al bar a prendere il caffè, faceva finta che gli fosse caduto qualcosa e di cercare per terra. Allora soprattutto la scorta della polizia chiedeva: «Che è successo? Cosa cerca?». Ecco, questo era l'uomo triste.

Invece, timido lo era. Tant'è vero che prima dei comizi dovevo preparare un bicchiere d'acqua allungato con un po' di whisky, su consiglio del professor Ciccio Ingrao, perché gli prendeva come un blocco allo stomaco, segno di una grande timidezza. Mi viene in mente anche un episodio a proposito: c'era una signora distinta che vedevamo in prima fila a tutti i suoi comizi. Era una bella donna e la notò anche lui. Per esempio, quando parlò ad Avezzano, la prima conferenza, fu un successo enorme e questa signora stava proprio lì davanti. In seguito a ogni comizio lei c'era sempre, e all'Eliseo l'abbiamo trovata di nuovo in prima fila, allora io e Franceschini siamo scesi, e l'abbiamo fermata. Questa signora, molto gentile, non era iscritta a nessun partito, le abbiamo proposto di salutare Berlinguer perché anche lui ci teneva e invece ha rifiutato. Era innamorata di Berlinguer, del modo in cui lui affrontava i problemi, la colpiva in maniera particolare la sua dialettica, la sua cadenza sarda... Ecco, lo ammirava da morire.

A Berlinguer piaceva il calcio ed era tifoso del Cagliari, io però ho provato a farlo diventare laziale! A parte gli scherzi, le poche domeniche in cui eravamo a Roma, e quando la Lazio giocava in casa, io andavo al Coni perché lui aveva i biglietti per i deputati. Una volta mi ha domandato: «Mi spieghi perché andiamo sempre a vedere la Lazio?». Questo sport gli piaceva molto, infatti in macchina tenevamo un pallone per giocare. Una volta, di domenica mattina, alla Farnesina, dove c'è un piazzale, ci siamo messi a fare due passaggi con il pallone, c'era anche il figlio Marco... A un certo punto sono arrivati parecchi ragazzini e abbiamo fatto una partitella. Lui si era levato la giacca e tirato su i pantaloni, si stava divertendo... A un certo punto passò la macchina di Moro, rallentò e addirittura Moro abbassò il finestrino perché gli sembrava impossibile che Berlinguer stesse lì a giocare a pallone e invece era proprio così... E giocava anche bene!

Mi ricordo gli incontri che ci sono stati con Moro. Erano organizzati da Luciano Barca, a casa di Tullio Ancora. Per il primo incontro, noi eravamo in direzione e la situazione era sempre abbastanza pesante, tesa. Mi ha chiamato la segretaria Azzolini e sono salito da Berlinguer che mi ha detto: «Manda via la polizia e possibilmente apri la macchina nostra. Io tra mezz'ora scendo». Io ho mandato via la polizia, dopo mezz'ora lui è sceso, invece di uscire a Botteghe Oscure siamo usciti in via Celsa per non farci vedere e siamo andati a tal indirizzo. Arrivati lì, è sceso ed è sparito dentro a un portoncino. Davanti a noi c'era un'altra macchina, una 130, che poi abbiamo visto era di Moro. Da lì è sceso il maresciallo Leonardi, con cui abbiamo poi fatto amicizia. Abbiamo parlato del nostro lavoro, di scorte, di automobili, di macchine blindate... la nostra gli piaceva moltissimo. Si lamentava perché non gliene davano una nonostante avesse fatto richiesta. Questo è il primo incontro con Moro. Dopo una quindicina di giorni ce n'è stato un secondo, sempre nello stesso posto. Lì siamo stati molto di più, quasi fino alle due di mattina e abbiamo parlato tanto con Leonardi. A un certo punto c'è stato un segnale dalla porticina, si è accesa una luce, stava uscendo qualcuno ma non sapevamo chi. Franceschini scende, apre lo sportello della macchina ma, invece di Berlinguer, nella nostra macchina stava entrando Moro, tutto insonnolito. Allora il maresciallo Leonardi ha detto: «Presidente, non è quella la macchina». «Uh scusi, scusi!» Ha chiesto scusa tantissime volte. Che personaggio, mamma mia! Ecco, io quando penso a queste cose mi emoziono sempre. Dopo è sceso Berlinguer, gli abbiamo spiegato quello che era appena successo e pure lui si è fatto una risata che non finiva più.

Quando hanno rapito Moro, invece, noi eravamo davanti alla Camera perché si presentava il governo Andreotti. Berlinguer è entrato, noi intanto ci siamo avviati verso il bar Giolitti e a un certo punto abbiamo sentito alla radio l'annuncio del rapimento di Moro e dell'uccisione della scorta. Allora siamo tornati in macchina, perché avevamo capito che Berlinguer sarebbe uscito subito. In quel momento ho avuto davvero paura. È stata dura, veramente dura.

Però in quel periodo in realtà non avevo la sensazione che Berlinguer fosse in pericolo, anche se so per certo che le nostre macchine erano controllate dalle Brigate rosse. Infatti, un giorno uscì una risoluzione delle Brigate rosse che diceva che non avevano fatto l'attentato a noi perché poco dopo la latteria – dove ogni sera ci fermavamo a prendere il latte, quando portavamo a casa Berlinguer, in via della Camilluccia – stavano facendo dei lavori stradali e non avrebbero avuto una via di fuga... perciò hanno desistito. A parte questo, pericoli veri e propri non me ne ricordo.

Una cosa che vorrei sottolineare di Berlinguer è questa. Non l'ho mai sentito giudicare nessuno, sia negativamente che positivamente. Ha sempre rispettato tutti, dal più umile al più grande. Prima di esprimere un giudizio ci pensava molto bene. Tutti i suoi interventi significavano nottate e nottate di lavoro, ma nottate nel vero senso della parola. Andavamo a Botteghe Oscure la mattina, e uscivamo da lì dopo due giorni. Una mattina alle 7 era tutto stralunato e mentre lo accompagnavamo a casa, sul Lungotevere c'era una fila interminabile di macchine che venivano in senso contrario e lui, meravigliato, ha detto: «Ma dove va tutta questa gente a quest'ora?». Io gli ho risposto: «Oh guarda che sono le 7, questi vanno a lavorare». «Sono le 7?» «Eh sì, sono le 7.»

Quando andava all'estero, noi della scorta lo seguivamo in Francia, Germania, Portogallo. Siamo stati anche in Spagna quando il Partito comunista era ancora illegale, infatti ci hanno fatto stare chiusi in albergo sette giorni. In Unione Sovietica, invece, non siamo stati, perché ci era proibito andare nei Paesi socialisti.

In Italia eravamo la sua ombra, ormai. Anche a Padova, ovviamente. Non è facile per me ricostruire quei momenti... Siamo arrivati da Genova nella tarda mattinata, credo verso le 11,30-12. Berlinguer non ha voluto mangiare perché era stanco e la sera prima ci avevano fatto fare una cena esagerata. Mamma mia, dai genovesi non si finiva mai di mangiare e le cene duravano sempre fino alle due di notte. A Padova Berlinguer aveva fissato un'intervista, non so di preciso con chi, ma dev'essere saltata perché io non ho visto nessuno. Quando era l'ora di andare al comizio, lui non scendeva. Allora Tatò mi ha detto di chiamarlo, ma non l'ho trovato in camera. Ho cominciato a cercarlo e poco dopo lui è entrato in albergo tutto sorridente e soddisfatto: era riuscito finalmente a fare una passeggiata da solo, che era la cosa più bella, poter andare in giro senza la scorta. Poi ci siamo recati al comizio.

Da Padova dovevamo andare a Milano per la chiusura della campagna elettorale. Mentre stavamo calcolando quanto avremmo impiegato, un compagno è sceso dal palco per avvisarci che Berlinguer si stava sentendo male. Noi siamo saliti immediatamente e ci siamo resi conto che stava davvero molto male. Saltava diversi fogli, pronunciava frasi sconnesse. Prima Tatò e poi anch'io abbiamo provato a farlo scendere però lui, indispettito, si è quasi arrabbiato. Ha voluto per forza portare a termine il discorso ma, come si può vedere dai filmati, in modo veramente drammatico perché stava male sul serio. Finito il comizio aveva freddo e allora io gli ho appoggiato il mio trench sulle spalle. Siamo tornati in macchina in albergo, durante il tragitto sembrava stesse bene, parlava ed era tranquillo. Insieme a noi c'era il medico. Mentre cercava di spogliarsi, attribuiva questo malore alla cena di Genova, soprattutto al compagno Azzarri che gli aveva offerto tutto quel cibo. «Colpa tutta di Azzarri» diceva. Si è disteso sul letto e poi è finita. Il dottore ci ha detto che bisognava chiamare subito la Croce Rossa e portarlo urgentemente in ospedale. Poi è uscito dalla stanza e io ho detto a Tonino: «Mi pare che riposi tranquillo, perché lo dobbiamo portare in ospedale?». Il dottore mi ha detto: «Altro che dorme tranquillo. Sta in coma». Infatti con una spilla gli ha punto la pianta dei piedi ma Berlinguer non ha dato alcun segnale. Era in coma. Allertata la sala operatoria, siamo andati subito in ospedale, erano le 10,30-11 di sera, e siamo stati lì fino alle 4 di mattina. È stato allora che è accaduta una cosa che mi è rimasta impressa. Un capo infermiere aveva già avvisato fotografi e giornalisti perché aveva saputo che l'operazione era terminata e Berlinguer doveva cambiare reparto. Aveva la pretesa di farlo addirittura passare davanti a loro! Poiché c'era un capitano dei carabinieri, gli ho detto: «Senta, secondo me questo fa passare Berlinguer lì davanti e non si può far passare Berlinguer lì tutto intubato, tutto... ». Allora il carabiniere ha ordinato all'infermiere di trovare una via alternativa. Così siamo andati in terapia intensiva attraverso dei sottopassaggi e lì è stato un dramma. Berlinguer è diventato un numero da circo equestre, venivano a visitarlo ma poi... che venivano a visitare? Non c'era niente da visitare. È arrivato Craxi, ma Marco non voleva che lo vedesse. Pajetta si è arrabbiato perché gli ha detto: «Secondo me tuo padre avrebbe accettato questa visita». Marco gli ha risposto: «Siccome io sono il figlio e mio padre non può ragionare, io decido che quest'uomo non lo deve vedere». Poi è arrivato il giorno che si attendeva. Io forse sarò esagerato, ma mi sono venute le convulsioni, incredibile. Ricordo solo l'abbraccio di Lauretta...

Gli sono sempre stato vicino, non l'ho lasciato: sono tornato a Roma insieme a lui con l'aereo di Pertini. Ricordo poco dei funerali, tanto ero frastornato. Dopo, vedendo i filmati, mi sono reso conto di alcune cose che non avevo notato... Comunque, non so ancora chi devo ringraziare per la possibilità che ho avuto di vivere quindici anni con Berlinguer, al fianco di quest'uomo eccezionale. Malgrado sia stato per me un sacrificio enorme, perché ho due figlie che sono diventate grandi senza quasi che me ne accorgessi, e senza contare i rischi e i pericoli... in ogni caso sono stati i quindici anni più belli della mia vita, non farei cambio con nessuno. Infatti, dopo tanti anni, ancora stiamo cercando di non far dimenticare Berlinguer, perché sarebbe assurdo.

Per questo ho collaborato all'allestimento di una mostra fotografica inaugurata nel 1989 a Pescara. È piaciuta molto e ha avuto un discreto successo, abbiamo avuto alcune richieste, dopodiché è sparita, è finita in soffitta: è un fatto abbastanza strano, vorrei proprio capire come mai. Sembrava che Berlinguer desse fastidio. L'abbiamo proposta in diversi luoghi, ma ci dicevano che non c'era posto perché la mostra contava 125 pannelli e occorreva molto spazio. Però a me non convinceva questa motivazione, secondo me dava proprio fastidio Berlinguer. Comunque, grazie alla testardaggine dei compagni pescaresi, nel 1994 o 1995 la mostra ha finalmente avuto un successo enorme, e ora quasi tutti si ricordano chi era Berlinguer. Questa mostra adesso è richiestissima, però tuttora non riesco a capire perché dal 1989 al 1996 Berlinguer desse fastidio. Non l'ho mai capito.

Dante Franceschini e io siamo persino stati chiamati all'Università di Urbino per parlare di lui nell'aula magna, davanti a tutti i laureandi che volevano sapere chi era Berlinguer e che faceva. Io, ignorante come una capra, davanti a una platea così! Questa cosa ci ha sorpreso enormemente. Interessava soprattutto la questione morale, quello che diceva Berlinguer.

Di lui mi manca tutto. Però mi è rimasta la sua famiglia, ho un rapporto bellissimo con i figli e soprattutto con Letizia. Mi chiamano «zio Alberto», ci telefoniamo spesso e ci teniamo in contatto. È una grande soddisfazione.

Quel giorno a Padova almeno per me il Partito comunista è finito. Io non ho mai digerito il cambiamento del nome, pur sapendo che Berlinguer un pensierino ce l'aveva fatto; però il vero pensiero era il modo in cui farlo. Io una volta gli ho detto: «Se tu cambi il nome al partito, io scendo e porti la macchina da solo». Lui mi ha risposto: «Ah, meno male, ho trovato il modo per guidare».

Non so come lo volesse chiamare. Il problema più grande per lui era di far accettare ai compagni questo cambiamento. Non posso fare i nomi, ma lui aveva molta stima e considerazione per parecchi compagni giovani e la cosa assurda secondo lui era che il Partito comunista italiano dovesse cambiare il segretario quando moriva. Gli pareva inconcepibile. Però l'idea di cambiare il nome gli frullava per la testa. Io aspettavo che andasse a Grottaferrata, perché quando si ritirava dalla zia Ines succedeva qualcosa. Lo strappo da Mosca è partito da lì, il compromesso storico, la questione morale, tutto da zia Ines. Si fermava per una settimana intera, leggeva, studiava, scriveva e mentre era lì uscivano fuori queste cose. Quando accennava a qualcosa molto vagamente, io pensavo: «Adesso ti porto a Grottaferrata e si sistema tutto».

3

Silvio Finesso

L'operaio e il segretario

Mi sono iscritto al partito nel 1948, ero pioniere poi strillone. Sono anche stato in carcere perché vendevo il giornale «l'Unità» davanti all'istituto Inps cure termali. A quattordici anni e un mese sono entrato in fabbrica e ci ho lavorato come meccanico per trentotto anni. La Galileo di Battaglia Terme (Padova) era la mia casa. Nel 1972, al picco della produttività, occupava 1192 persone nel settore elettromeccanico. E poi, da quando siamo passati alla Magrini Galileo nel 1980, sono cominciate le difficoltà: il ministro delle Partecipazioni statali, Gianni De Michelis, e altri cinque politici del governo sono venuti a Venezia per una trattativa con la francese Merlin Gerin, a sua volta acquisita da Schneider Electric nel 1992, che nel 1984 ha rilevato lo stabilimento di Battaglia perché aveva bisogno dell'alta tensione. Noi eravamo tra i primi in Europa per l'alta tensione: riuscivamo a produrre 800.000 kilowatt.

Da quel momento è venuto il patatrac: abbiamo cominciato a perdere occupazione e così abbiamo fatto lotte durissime. I lavoratori hanno sofferto tanto per mantenere il proprio posto, c'è stata anche la cassa integrazione, allora ci siamo uniti col sindacato per trovare una sintesi con la Ansaldo e abbiamo tentato di costruire un polo nazionale nel settore elettromeccanico italiano. Riuscivamo a farci ascoltare da alcuni politici, mentre da altri non trovavamo nessuna corrispondenza, al punto tale che mano a mano diventava quasi un abbandono. E questa è stata la situazione che ci ha portato alla disfatta. Ormai eravamo stati rilevati e non c'era più niente da fare. Siamo anche stati a un tavolo di trattativa con il governo, ma i giochi erano fatti, io ho persino abbandonato il tavolo e volevano portarmi dentro. È stata davvero una brutta scena, e noi lavoratori da quel momento abbiamo capito che quella era la nostra fine.

In queste circostanze ho incontrato per la prima volta Enrico Berlinguer a Botteghe Oscure. Ecco come è andata. Durante una riunione a Roma, il presidente della Magrini Galileo, Vittorio Cavallotti, ci ha comunicato che c'era la possibilità di una grossa commessa russa. Era molto interessante perché avrebbe procurato lavoro per otto mesi, si trattava di una commessa di media tensione e poteva essere una spinta per andare avanti. Il presidente ci ha chiesto in tutta franchezza se nel partito qualcuno potesse interessarsi del caso e avesse i contatti giusti per ottenere la commessa. Così, dopo un'assemblea al sindacato, sono andato a Botteghe Oscure a incontrare Berlinguer.

Non ero solo, c'erano con me tre compagni di correnti diverse del consiglio di fabbrica. Anche se avevamo idee divergenti, eravamo unitari nel sindacato, eravamo insieme nella Flm (Federazione lavoratori metalmeccanici). Con molta semplicità, Berlinguer ci ha ricevuto, gli abbiamo esposto il problema e abbiamo ragionato insieme. Si è parlato del polo industriale Ansaldo-Magrini Galileo, del settore elettromeccanico nazionale, e di una battaglia da fare per vedere se eravamo capaci di superare questo problema, una battaglia utile anche per il domani dell'azienda. Berlinguer ha preso nota e ha detto: «Vedrò cosa posso fare, vedrò di sentire qualcuno. Vedrò se riusciamo a fare il polo». Già due anni prima si parlava del polo industriale del settore elettromeccanico, con Ansaldo e Magrini Galileo, e questo gli interessava.

Quando stavamo per andare via, gli ho fatto una domanda personale di carattere politico e lui, dopo avermi risposto, ha aggiunto a proposito della commessa: «Guarda che io non sono molto simpatico ai russi». Io gli ho detto che lo sapevo, e ci siamo lasciati così. Era veramente una persona disponibile all'ascolto e alla mano.

L'ho incontrato varie volte, l'ultima anche poco prima del comizio, quel 7 giugno 1984. Quando siamo arrivati Tatò ci ha detto di avere pazienza, che Berlinguer stava riposando perché non si sentiva bene. Difatti quando è arrivato, ci ha impressionato: si vedeva che non stava bene. Era pallido, aveva il volto affaticato. Saremo stati una ventina di consiglieri, in quella sala, e io ero seduto proprio di fianco a lui. Ci siamo presentati, lui ha ringraziato il Consiglio e dopo ho parlato io, come al solito. Le assemblee in fabbrica le facevo sempre io, e in tutte le occasioni toccava sempre a me parlare, perché «si deve avere coraggio a parlare di fronte a un'autorità così» mi dicevano gli altri. Per me non era un problema, infatti dicevo: «È un uomo come noi, nient'altro. Lui è più in alto di noi, però è sempre un uomo». Io sono fatto così, non mi lascio intimidire. E comunque Berlinguer non ci metteva soggezione, anzi.

Allora ho spiegato la situazione e ho posto il problema: secondo me si doveva fare una grande battaglia per costruire un polo nazionale. Dopo è intervenuto lui, ha detto che capiva che c'erano grandi difficoltà, che è stata brutta la decisione di dare questa azienda alla Merlin Gerin, e che avrebbe cercato di fare qualcosa. Poi ha detto anche: «Fate qualcosa, venite alla Camera e portate a conoscenza tutto il Parlamento».

In seguito, quando Berlinguer ormai non c'era più, davvero ci siamo andati, in tre, dentro il Parlamento – ci sono andato spesso, ormai mi conoscevano anche se non sono deputato! Ho portato a tutti un foglio facendo vedere la fabbrica, la sala prove, e il controllo degli interruttori, che dava il segno della capacità produttiva nazionale. Non abbiamo mai avuto una risposta, da nessuno. E dopo, mano a mano, è venuto il peggio. Adesso solo 180 operai lavorano nella mia fabbrica. Siamo passati da 1180 a 180. E per un certo periodo ce ne sono stati anche 50.

Comunque, quell'incontro il 7 giugno sarà durato una ventina di minuti. I miei compagni erano un po' avviliti e demoralizzati perché hanno visto un uomo finito, che in quel momento faceva fatica anche a parlare... Io invece, che lo conoscevo molto bene, pensavo: «Se hanno detto che stava poco bene, vuol dire che ha sofferto un po' il caldo», oppure facendo comizi, visto che veniva da Genova, può darsi che sia successo qualcosa. Però le parole le ha dette, anche se erano poche, e noi avevamo bisogno di sentirci dire proprio quel messaggio, quella speranza: «Vedrò, e mi impegno per riuscire a fare qualcosa».

Quando siamo usciti, Berlinguer ha detto a Tatò: «Andiamo a fare due passi, devo prendere un po' d'aria», e abbiamo percorso insieme tutta la via, siamo passati davanti al Pedrocchi, e lui ha detto: «Mi ricordo che sette o otto anni fa siamo andati a prendere un caffè». Io gli ho proposto di entrare, ma lui mi ha risposto: «No, sono già a posto». Lo guardavo da dietro e mi faceva pena, per quanto era dimagrito.

Per la strada la gente si fermava, sotto i portici, per salutarlo, e dopo siamo tornati all'albergo ed è andato di nuovo a riposare, credo, così ci ha detto Tatò. Noi allora siamo andati nella piazza dove si doveva tenere il comizio a far presente che ci sarebbe stato un ritardo. Quando Berlinguer è arrivato, sul palco c'ero anch'io. Per me era la prima volta e guarda cos'è successo... «Tu devi essere sul palco» mi aveva detto.

I primi cinque minuti è andata bene, poi man mano calava sempre di più e faceva sempre più fatica a trovare le parole. Quando il popolo se ne è accorto, era proprio alla fine, gli dicevamo «Basta, basta», anche Tatò gli diceva «Smetti, lascia perdere». Era messo tanto male, fisicamente era metà dell'uomo, faceva una fatica matta ma non voleva interrompere il comizio. E poi ci sono state le parole finali: che dobbiamo impegnarci, fare casa per casa, famiglia per famiglia... Non riesco a raccontarlo senza commuovermi.

Nei momenti successivi, quando ho sentito dire che andava in albergo, sono rimasto sbalordito. Ho pensato: «Ma perché in albergo? C'è l'ospedale, deve essere ricoverato in ospedale». È sceso dalla scaletta con Tatò e gli altri ed è salito in macchina. Siamo poi corsi tutti quanti davanti all'hotel, ormai non si passava, non cadeva a terra neanche una cicca, e si aspettava col fiato sospeso. Si è atteso fino a quando l'hanno portato via, io ero sulla porta e ho visto bene. Hanno preso una coperta e l'hanno portato via in coperta. Mi ha fatto un'impressione... sembrava una palla.

Dopo la sua morte, ero nella camera ardente con la bandiera del partito, quando è venuto Pertini. Si è appoggiato al feretro prima ai piedi e dopo sul fianco. Berlinguer aveva un caschetto perché era stato operato alla testa, non si vedeva neanche l'uomo. Io piangevo come un bambino. Il presidente si è alzato e ha detto: «Il Paese ha perso un grande uomo», lo ha baciato ed è andato via. Poi è entrata la moglie con i figli, mi ha colpito perché mi è sembrata una persona coraggiosa, forte. L'ha baciato, e dopo hanno chiuso la bara. Io ho passato un brutto periodo, di notte sognavo tutti i particolari. È stata una perdita forte, anche per la modalità.

Per i funerali a Roma, siamo partiti con quattro pullman da Battaglia Terme. Il viaggio l'abbiamo fatto tutto in silenzio. C'era tanto silenzio. In piazza mi ricordo di aver pensato: «È vero che io gli volevo bene, ma vedo che c'è tanto popolo che gli voleva bene». C'era davvero molta gente, e abbiamo pianto tutti.

Per me Berlinguer segretario del partito è stato tutto. È stato un segnale della svolta, quando abbiamo capito che cosa ha fatto il comunismo in Unione Sovietica, e non c'era protezione per chi parlava con gli avversari della nazione russa. Io ci sono stato in Russia, con Pajetta. Per ventidue giorni abbiamo visitato le fabbriche, e mi hanno dato un'impressione buona da quel punto di vista. È stato molto interessante, e dopo, appena tornato a casa, abbiamo fatto delle riunioni in sezione perché i lavoratori volevano sapere com'era l'Unione Sovietica, e io ero alle stelle. Quando poi ho scoperto che cosa facevano, mi guardavo allo specchio e mi vergognavo, piangevo. Era una cosa in cui avevo sempre creduto, e vederne la fine così...

Per questo Berlinguer è stato un grande uomo, perché ha avuto il merito di dirlo, di dirlo a tutti noi. Perciò non era amato dai sovietici.

4

Luigi Bettazzi

L'uomo della fede e del rinnovamento

Berlinguer conosceva il mondo cattolico, così come la sua famiglia. Accompagnava i figli alla messa, e anche se lui stava fuori è comunque segno che coglieva il valore umano e sociale di questa fede. Credo che questo lo abbia in qualche modo aiutato e incoraggiato a rispondere a un vescovo come me, che aveva avuto la ventura di scrivergli una lettera aperta, nel luglio 1976.

Ecco l'antefatto: tre mesi prima avevo scritto una lettera aperta a Benigno Zaccagnini, diventato segretario della Democrazia cristiana dopo una crisi legata alle tangenti. Il presidente del Consiglio Forlani aveva detto: «Be', vi meravigliate di noi? Fan tutti così in politica». La mia riflessione fu semplice: «Perché ti dici cristiano se poi fai come gli altri?». Invece di scrivere un articolo, mi venne da scrivere una lettera aperta, ma lui lì per lì non rispose neanche, considerandola un genere letterario. Avevo cominciato dal partito più grosso, il democristiano, poi il Partito comunista, poi anche il Partito socialista. Allora ero vescovo già da qualche anno, avevo fatto il Concilio ed ero presidente di Pax Christi. Ecco, avevo qualche titolo per prendere queste iniziative.

L'occasione fu un invito di Berlinguer che si era rivolto anche al mondo cattolico prima delle elezioni dicendo:

«Noi siamo disponibili a lavorare per il bene del Paese, per il bene dei lavoratori, per la parte più povera della nazione». Poi conquistò più del 34 per cento dei voti, credo siano state le elezioni in cui ha avuto il maggior numero di aderenti. L'arcivescovo Anastasio Ballestrero mi disse: «Quando fai queste cose devi prima consultarti». E io mi ero consultato con un vescovo di cui mi fidavo, appena ordinato. Allora scrissi la lettera. Berlinguer rispose subito dicendo: «Guardi, La ringrazio, adesso facciamo il governo, poi dopo risponderò». Invece, poiché Giovanni Franzoni – che per aver dichiarato di aver votato comunista era stato ridotto allo stato laicale – mi scrisse una lettera aperta, alla quale risposi con la stessa modalità, pare che Berlinguer abbia detto: «La cosa ormai è finita nel mondo cattolico» e non rispose.

L'anno seguente si stava per fare un governo di solidarietà nazionale con l'apporto esterno dei comunisti, e Berlinguer ricordava che, quando c'era stata l'apertura a sinistra con il Partito socialista, la Cei aveva detto: «Non si può collaborare con i socialisti perché sono materialisti e atei». Lui doveva lavorare con il mondo cattolico, pare dovessero uscire su una rivista torinese un articolo di padre Sorge e uno di Berlinguer. Poi padre Sorge si ritirò, non si sa perché... forse gli fu impedito. Allora qualcuno ha ricordato a Berlinguer che non mi aveva ancora risposto. Così, nell'ottobre 1977, mi scrisse una lettera aperta per dire che non erano materialisti e atei, ma solo laici che volevano collaborare con chi ci stava. Fu così gentile da farmela avere tramite il sindaco di Torino, Diego Novelli, prima che venisse pubblicata su «Rinascita». Novelli mi telefonò per consegnarmela e disse: «Berlinguer voleva che la vedesse prima lei». Quando tornai a Ivrea c'erano i giornalisti della televisione ad aspettarmi. Questa è un po' la storia della lettera aperta e della sua risposta.

Mi ha scritto: «L'avere una fede può essere una condizione che può stimolare il credente a perseguire anch'egli il rinnovamento in senso socialista della società». Era un'affermazione importante per una persona dentro a quel sistema ideologico, era il riconoscimento del valore della fede stessa.

Si vedeva in quel Pci una forza di rinnovamento. C'era bisogno dopo trent'anni dalla fine della guerra di questo. La gente al di fuori della Chiesa guardava con fiducia al Concilio perché diceva: «Se cambia la Chiesa cattolica possiamo cambiare tutti». C'era stato anche un freno nell'attuazione del Concilio, quindi sembrava che il Partito comunista fosse in quel tempo quello che più spingeva per un rinnovamento. Chi aveva questa speranza o questo desiderio guardava al partito anche rendendosi conto che la serietà di Berlinguer garantiva in qualche modo che non sarebbe stato tanto un cammino ideologico quanto un cammino concreto, sociale, di aiuto alle classi più bisognose. Così si spiega il salto dal 25 al 34 per cento alle elezioni.

C'era anche una componente morale in quel consenso, perché si capiva che Berlinguer non era soltanto alla ricerca del partito per avere più voti per comandare. Era evidente che sentiva nell'azione del Pci un'esigenza che rispondeva a un bisogno di serietà anche morale, non solo alla ricerca del potere, ma alla ricerca del meglio per la nazione dal punto di vista etico e morale. Credo ci fosse questa speranza anche in chi non aderiva ovviamente alle ideologie che c'erano nel Partito comunista.

Io fui molto contento di questa risposta, anche se arrivata con ritardo. Per me era non solo l'attenzione alle domande e ai problemi che gli proponevo, ma anche un cammino di chiarificazione della via del Partito comunista che sembrava più un partito dei lavoratori che un partito marxista e leninista. Mi pareva, nonostante quanto sia ricaduto poi su di me per alcune reazioni che ci sono state, una cosa molto positiva.

Il clima dei rapporti tra Chiesa e Partito comunista in quegli anni era ancora molto teso. Il referendum sul divorzio, per esempio, aveva lasciato una grossa cicatrice perché aveva dimostrato che i cattolici, quando si tratta di partecipare alla vita sociale, ascoltano le indicazioni della gerarchia ma poi valutano in maniera autonoma. Quindi forse c'era stata una presa di coscienza da parte della gerarchia di come non sempre un *diktat* viene accolto. C'è anche chi, come il cattolico, valuta le cose su un piano umano e sociale.

Ci fu una forte reazione, non tanto per la mia lettera quanto per la sua risposta. Il patriarca di Venezia, Albino Luciani, scrisse un articolo molto duro dicendo che Berlinguer poteva parlare a nome del suo partito, mentre Bettazzi non aveva alcun mandato a parlare a nome della Chiesa e della Cei. Credo che il Vaticano gli impose una reazione di questo tipo, infatti, quando Papa Luciani morì, il suo segretario mi cercò per dirmi: «Guardi che quell'articolo gli era stato comandato dall'alto». Questa era la situazione e me la sono sempre portata dietro. Quando diventò Papa Wojtyla, il segretario della conferenza episcopale polacca aveva detto: «Fate presto voi a scrivere al segretario del Partito comunista, venite a vedere come si vive sotto i comunisti». Io, che ero presidente internazionale di Pax Christi, incontrai il Papa a un'udienza pubblica e notai la sua faccia seria. A parte questo, in Vaticano sapevano che io avrei chiesto pubblicamente le ragioni di tali reazioni e perciò preferirono arrivare attraverso Luciani. Sono stato felice poi di essere rimasto trentadue anni vescovo di Ivrea. Può anche darsi che tale vicenda abbia inciso e che abbiano preferito fermarsi «al primo danno».

Ebbi l'impressione che il Vaticano fosse ostile alla solidarietà nazionale, al compromesso storico. Anche oggi i princìpi sono questi e ne deriviamo le conseguenze. È stato proprio Papa Giovanni a dire: «Non deve essere tanto un Concilio dogmatico ma un Concilio pastorale che parta dalla gente, che veda e cammini con la gente».

I lavoratori si sentivano più difesi dal Partito comunista e anche altre persone avevano l'impressione che, per un rinnovamento della società molto chiusa, soprattutto il ceto medio e il mondo borghese, ci voleva un cambiamento. Anche tanti cristiani votavano per il Pci in quel momento. Occorreva distinguere, e io lo feci nella lettera, tra l'ideologia comunista e «la concreta determinante efficacia della vostra lotta per tutte le conquiste sociali di questi decenni». Del resto quella distinzione era stata fatta da Papa Giovanni nella *Pacem in Terris*. C'è qualcuno che gli contesta di avere incoraggiato questa distinzione che invece era, credo, un richiamo alla concretezza delle situazioni.

Si guardava al mondo comunista come a un mondo statalista, dogmatico. Invece la risposta di Berlinguer fece vedere anche lì un cammino pastorale: partiamo dalle esigenze delle popolazioni, chi ha queste idee può servirsene, ma il primo problema è quello di rispondere alle necessità e alle esigenze della gente.

Io penso al fatto che Dio si sia fatto uomo e, per la maggior parte della sua vita, abbia condiviso la vita di tutti facendo il falegname. Qualcuno può dire: «Valeva la pena secondo la nostra fede che Dio si facesse uomo per fare il falegname?» Si vede di sì, per far capire che è nella vita di tutti i giorni che si deve mettere l'impegno per vivere in maniera coerente e con le proprie convinzioni. Anche facendo il falegname, se lo fai per bene, con fede, rispondendo a Dio e per il servizio degli altri, tu stai cambiando il mondo. Credo fosse importante far capire che occorre che ciascuno nella propria vita compia con coerenza e con dignità il proprio dovere e lo metta a servizio degli altri, contro la tendenza che abbiamo invece a chiuderci in noi stessi e a pensare soltanto al nostro interesse. Il Vangelo in questo senso è ispirazione e anima della liberazione dell'uomo, come ho scritto nella lettera.

Certamente il Pci con la morte di Berlinguer si apre a un allargamento che non corrisponde più alla sua immagine di prima, quindi in un certo senso è iniziato non dico la morte, la morte del partito ma un cambiamento, un aprirsi, un lasciare gli aspetti più condizionanti per sentire la sua vera vocazione di essere accanto alla gente che è in difficoltà e ai lavoratori che facilmente sono strumentalizzati. In qualche modo è diventato un partito del popolo.

Don Renzo Rossi, un prete fiorentino mio amico che lavorava in Brasile come cappellano dei prigionieri politici, ormai scomparso, aveva incontrato Berlinguer per chiedere che il Partito comunista si interessasse di loro. Berlinguer aveva sul tavolo un mio libro, *Farsi uomo*, uscito a quell'epoca, e gli disse: «Io avrei piacere di continuare gli incontri con Bettazzi». Purtroppo, con la lettera di Luciani credo che avremmo continuato un'ambiguità, perché lui parlando con me non avrebbe parlato tanto con la Chiesa ma con uno che la Chiesa guardava con un po' di sospetto. Quindi non ho mai avuto l'occasione di vederlo. Forse avrei potuto vederlo per amicizia, ma l'ho soltanto ricordato con stima e con affetto.

È stato per me un grande uomo che pensava agli altri, soprattutto ai più poveri, ai più deboli e che sentiva che la sua missione era quella di portarli a raggiungere una dignità sociale.

5

Jovanotti

L'ultimo comunista

Forse non c'è persona meno indicata di me per parlare di Berlinguer, visto che non l'ho conosciuto di persona, e in qualche modo sono probabilmente considerato quanto di più distante esista dal tipo di comunicazione e anche dal tipo di politica che si faceva in quegli anni, oltre che da quella visione del mondo. Ma forse proprio per questo è interessante capire che cosa uno come me può aver respirato da bambino in quell'Italia.

Sono del '66, per cui non ho fatto in tempo ad abbracciare una visione del mondo che potesse essere rappresentata da un partito. Ho dovuto affrontare subito la complessità, che in qualche modo mi ha portato a una necessaria ricerca di semplicità al suo interno. Questa è l'accusa e la critica che si fa alla mia generazione, considerata spesso superficiale: in realtà è una necessità perché non abbiamo avuto il piacere o il dolore o l'esperienza di vedere un mondo in cui ci si poteva sentir parte di una famiglia, di persone che la pensavano allo stesso modo o immaginavano un futuro in una direzione.

Sono di quelli che sono entrati nel loro periodo di formazione ideologica con la vittoria dei mondiali di Spagna. Si usciva dagli anni Settanta, è stato un momento di grande festa collettiva, io ho cominciato a fare il disc jockey. Ero un ragazzino di quindici anni. Era un'Italia completamente non ideologica rispetto alle ideologie tradizionali. O meglio, a-ideologica, post-ideologica. Sicuramente all'epoca se mi avessero chiesto: «Sei di sinistra o di destra?», l'avrei considerata una domanda misteriosa su una cosa che non conoscevo.

Dopo la mia curiosità mi ha portato a voler sapere che cosa era successo in quegli anni in cui io giocavo all'allegro chirurgo. Che cosa succedeva nel mio Paese? Che cosa si pensava? Che cosa si diceva? Quello è stato un bel viaggio a ritroso che, come tutti i viaggi a ritroso, poi sono sempre dei viaggi in avanti. Si viaggia sempre in avanti, anche quando si va indietro e questo è il bello del viaggio in generale.

Avevo quasi sei anni quando Berlinguer è diventato segretario del partito e quasi diciotto quando è morto. Appartengo a una generazione di italiani che lo ricorda in bianco e nero, anche se, in realtà, nelle immagini di repertorio o su YouTube c'è molto colore. Quindi mi viene da pensare che questo bianco e nero rappresenti in fondo un'Italia più semplice, più leggibile attraverso due soli colori, il bianco e il nero. Forse è per questo che lo ricordo così.

L'ho incrociato a casa, a pranzo e alla televisione, col mio babbo che guardava il telegiornale, e sbuffava un po' perché è sempre stato un anticomunista convinto e manifesto, tanto che, quando qui a Cortona d'estate c'era la festa dell'Unità, addirittura proibiva a noi figli di superare una catena che delimitava l'area. Il suo divieto mi portava proprio a visitare questo luogo di personaggi pericolosi, tra i quali, tra l'altro, c'erano mia zia e degli amici carissimi cresciuti insieme al mio babbo. Ecco, la mia è questa Italia, un'Italia in cui Berlinguer era considerato anche dai suoi nemici politici più evidenti, come appunto il mio babbo, una persona seria.

I miei ricordi di Berlinguer sono più che altro dei flash. Mi rimase impressa un'immagine che devo aver visto in seguito in televisione: Berlinguer che parla in un'assemblea in Unione Sovietica della democrazia come valore assoluto. L'idea che un uomo del Pci tocchi quei temi in una riunione del genere, con Brežnev presidente, racconta più di qualsiasi altra cosa un uomo che da dentro fa un gesto veramente progressista, veramente di grande, grandissimo coraggio. Ecco, la parola è coraggio, non ce n'è un'altra per definire questo.

Berlinguer era un capo carismatico. I capi carismatici sono sempre degli outsider in fondo, anche fisicamente. Se mettiamo a confronto il fisico del grande dittatore con la mimica e il tono di voce di Berlinguer morfologicamente sembrano due esseri diversi e probabilmente lo erano in effetti. Penso che Berlinguer sia uno degli ultimi rappresentanti della politica che non è ancora star system, come Nenni e Moro. È un'Italia che non c'è più e non ci sarà mai più, anche proprio fisicamente: quella leggerezza, quelle ossa piccole, quel sembrare quasi sempre che i vestiti stiano grandi. A quelli come Berlinguer pare sempre che i vestiti siano di tre taglie più grandi perché è come se ci si perdessero dentro, sembrano in qualche modo alle prese con qualcosa di più grande di loro.

Quanto è piccolo Berlinguer in quell'assemblea di russi in Unione Sovietica? Se si rivedono le immagini sembra un bambino, sembra quasi Pinocchio di fronte ai due gendarmi. Eppure spesso, siccome la vita a volte è un paradosso, sono proprio queste le persone che non hanno bisogno di sbattere pugni sul tavolo per fermare il mondo e per cambiare la storia, per far tacere gli altri intorno a sé. Ecco, ritengo che la statura umana, prima che politica, di Berlinguer sia proprio questa, sia il contrario di una statura, sia leggerezza, quasi piccolezza, come le piccole canzoni che poi alla fine cambiano il mondo. Non sono le grandi canzoni quelle che trasformano il mondo, ma sono le canzoni che ti dicono sottovoce esattamente qualcosa che tu in quel momento hai bisogno di sentirti dire.

Io non credo alla timidezza, io non credo che Berlinguer fosse timido. Era semplicemente il suo modo di comunicare. I timidi in fondo si nascondono dietro qualcosa, hanno paura di rivelarsi. Mi sembra che Berlinguer fosse proprio il contrario. Non si rivelava attraverso il gesto plateale, aveva modi molto più incisivi forse, le sue erano parole scandite, quando parlava arrivava con una precisione millimetrica, che non lasciava spazio al dubbio. Ogni frase di Berlinguer finisce sempre con un punto, a differenza di molti leader politici di adesso che non finiscono mai le frasi, che aspettano di essere interrotti in qualche modo, come una speranza perché così si mantiene viva la bagarre. Mi sembra invece che la forza di quel linguaggio sia proprio nelle frasi che si concludevano con un punto e che sono l'opposto della timidezza. I timidi mettono un sacco di virgole, di puntini di sospensione. Lì, puntini di sospensione non ce n'erano proprio, per cui la definizione di timido per come la concepisco io non si sposa con Berlinguer.

Di lui mi colpisce sempre l'uso della parola «nuovo», che sembra in contrasto con l'immagine che noi oggi abbiamo di lui, di un uomo parte di un mondo vecchio, finito. Spessissimo, leggendo le sue interviste e i suoi discorsi che sono arrivati fino a noi, questa parola ricorre: l'attenzione per la tecnologia, o per la donna. Non si sentivano altri parlare così.

Continuo a pensare – sono emozioni più che pensieri – che l'Italia sia rimasta orfana di due padri fondamentali: Berlinguer e Moro. La morte prematura, per ragioni molto diverse, di queste due figure ha gettato l'Italia in un caos che le ha impedito di trasformarsi in un Paese veramente moderno, in cui si fa tesoro della complessità e ricchezza delle differenze di opinione. L'improvvisa perdita, a distanza di poco tempo in fondo, di queste due figure ha aperto la strada a un ventennio dal quale ancora oggi facciamo fatica a uscire e ha privato l'Italia di un immaginario, di una visione. Occorre quindi un grande lavoro di ricostruzione, forse anche ripartendo da quelle parole, da quella passione, da quella competenza e, mi viene da dire, da quell'amore per le persone che mi sembra il dato fondamentale, visto dagli occhi di un cantante. Un aspetto che non va confuso con un'idea paternalistica della politica: è un'idea che la politica sia talmente innamorata del mondo da volerlo migliorare, sviluppare, da voler prendere dal mondo e dalle persone ciò che c'è di meglio. Mi pare una lezione fondamentale.

Come tutti quelli della mia generazione, e non solo, se penso a Berlinguer, vedo Benigni che lo prende in braccio, quella è l'immagine più forte che c'è. Se uno mi chiede «Chi è Berlinguer?», la prima risposta che mi viene è «È quello preso in braccio da Benigni». Quell'immagine chiude un cerchio, è l'immagine di un'Italia meravigliosa, che in qualche modo era venuta fuori dal dopoguerra. L'idea che un comico prendesse in braccio Berlinguer in una festa era come dire: «Ce l'abbiamo fatta!». Sembrava un trofeo. Sembrava un Oscar, no? Le due immagini di Benigni con in mano l'Oscar e con in braccio Berlinguer s'assomigliano. Quell'immagine è molto potente, sovraumana, di un'Italia che dobbiamo tenere nel cuore, che io ho nel cuore, perché è l'Italia della mia infanzia. È una bella Italia ma è anche l'altra Italia, distrutta, anche nell'anima, che soffriva, l'Italia degli spari, delle serrande abbassate, della polizia agli angoli delle strade...

La cosa che ancora oggi colpisce, guardando le immagini dell'ultimo comizio a Padova, è questo voler continuare anche quando stai male e non ce la fai più, perché c'è qualcosa di più importante di te, del tuo malessere. È un gesto veramente molto potente. Più volte mi sono fatto raccontare le sensazioni, i ricordi di quel giorno dal mio amico Daniele Lorenzi, che faceva parte del servizio d'ordine del Pci, e poi è diventato uno dei dirigenti dell'Arci. Quello per lui è forse il più importante della sua vita, il giorno che gli ha fatto decidere di abbracciare in qualche modo l'impegno. L'impressionante e tenace voglia di Berlinguer di continuare quel discorso nonostante il malore che stava avvenendo: quella in effetti è la cosa che ancora oggi emoziona di più.

Mi ricordo poi il funerale, la distesa di gente in piazza San Giovanni... Quella giornata ha cambiato il Paese. C'era anche Almirante di fronte alla bara di Berlinguer, ancora se ne parla. È un po' una specie di blasfemia politica, e rimanda al passaggio della borraccia tra Coppi e Bartali. Sono quelle foto, quelle immagini che in qualche modo raccontano un'Italia che continua a stupirci per la sua umanità. È stato un evento grande della città, si creò un grande silenzio a Roma. In quegli anni spesso era successo, specie in precedenza, un silenzio di dispiacere, non di disperazione, di qualcosa di interrotto, che doveva andare avanti, che stava cambiando. La morte di Berlinguer è stato un grande freno all'entusiasmo di cambiamento, all'energia che in quel momento era stata innescata in Italia, di superamento di un periodo che era stato fondamentale ma che andava superato, e invece poi è diventato altro, è diventato un caos.

Anche tutte quelle bandiere rosse, per me rappresentano prima di tutto qualcosa di festoso. Non ho fatto in tempo a interpretarle nell'altro modo, come mio padre per esempio, che invece è sempre stato ed è tuttora, nonostante non ci siano i comunisti, un anticomunista. Per me le bandiere rosse sono la festa dell'Unità, sono un evento festoso, sono le facce degli operai, della gente del Pci, alle grandi adunate, quelle che si vedevano in televisione. A Cortona, che è stata sempre governata dalla sinistra storicamente, le bandiere rosse erano presenti. Per un certo periodo dell'anno in piazza c'era un palchetto per i comizi. Poi c'è da dire che da quel punto di vista il Pci ha avuto anche una grande tradizione, una grande sapienza grafica. Io sono un appassionato di queste cose. Ci sapevano veramente fare, erano dei grandi comunicatori... basta guardare al confronto i vecchi manifesti della Dc, il loro tipo di comunicazione era un po' più basso. L'uso di questo colore, il rosso, vuol dire che stai dicendo qualcosa di importante.

La figura di Berlinguer, se dovessi paragonarla a qualche grande, mi fa pensare un po' a Bob Dylan. Che è tutto meno che una rock star, però la più grande rock star del secolo, in effetti. Non ha il fisico, non ha le movenze, non ha l'atteggiamento, non ha lo sguardo da rock star, però se pensi a chi è il più grande del Novecento, dici che è Bob Dylan.

Nello stesso modo – anche se non ho mai vissuto il Partito comunista perché non ho fatto neanche in tempo a votarlo in quanto Pci –, probabilmente con la morte di Berlinguer finisce quel Partito comunista, finisce la parola «comunista», perché in Italia la parola «comunista» è Berlinguer. È una parola che non mi ha mai fatto paura, perché la associo con quella correttezza, la associo con quella faccia, con quelle parole, con quella onestà e quindi continua a essere nei miei ricordi una parola bella che muore con chi, in qualche modo, l'ha inventata per quanto mi riguarda direttamente. È chiaro, la mia non è un'analisi storica, ma puramente personale.

6

Emanuele Macaluso

L'incidente di Sofia e il compromesso storico

Ho lavorato a fianco di Berlinguer, quasi nella stessa stanza, per quattro o cinque anni, prima all'organizzazione poi nell'ufficio di segreteria, quindi ho potuto instaurare con lui un rapporto molto confidenziale e molto affettuoso. Lui nutriva per me una grande fiducia, come del resto avevo anch'io nei suoi confronti.

Quando tornò dal viaggio a Sofia nell'ottobre del 1973, avevamo saputo dell'incidente, in cui tra l'altro era morto un giovane interprete bulgaro che conoscevo, come tutti quelli che frequentavano l'ambiente, era simpatico. Visto che avevo l'abitudine di andare a trovarlo la mattina, mi feci raccontare da Enrico che cosa fosse successo e dopo gli chiesi: «Ma è stato un incidente?». Lui ha sorriso e mi ha detto: «Non è stato un incidente, a mio avviso». C'è un precedente che spiega come mai gli ho fatto questa domanda.

Ai funerali di Togliatti era venuto Brežnev. Il giorno dopo si fece una riunione nella segreteria del partito, con Longo, Berlinguer, Pajetta, Amendola, Alicata, Natta, Ingrao, io... Brežnev, fra le tante cose che disse, a parte i racconti che preludevano a quanto avrebbero fatto nei confronti di Chruščëv, parlò anche di Togliatti, della sua malattia, delle sue ragioni e dell'incidente d'auto che aveva avuto nel 1951. In quell'occasione, quando Brežnev se ne andò, Longo ci raccontò che durante una riunione a Mosca con Stalin, Berija e altri, c'era anche Pietro Secchia, spiegarono la dinamica dell'incidente e Berija disse: «Be', sappiamo come avvengono questi incidenti». Ricordai questo particolare, di come provocavano incidenti che non erano incidenti.

Così posi a Berlinguer quella domanda, ma lui prima di me aveva avuto più di un dubbio che fosse stata una fatalità. La cosa mi aveva stupito perché chi conosceva il percorso per andare all'aeroporto sapeva che in quei Paesi si sgombravano tutte le strade e c'era una sicurezza totale. Il fatto che un camion si infilasse per provocare un incidente mortale, perché il ragazzo vicino a Berlinguer morì, è chiaro che fa venire un dubbio abbastanza forte. Lui lo confermò, però mi disse: «Non ne parlare con nessuno».

Io tacqui per quasi vent'anni. Un giorno, nel 1991, venne a casa mia Giovanni Fasanella a farmi un'intervista su Berlinguer per «Panorama». Lui, come al solito, diceva di Berlinguer: «Ha fatto gli strappi, è stato quello che più degli altri si è allontanato dal rapporto con i Paesi dell'Est, con l'Unione Sovietica eccetera, però...». Insomma, gira e rigira, mi ha fatto un po' innervosire... e allora sbottai: «Guarda, adesso ti dico una cosa che non ho mai detto a nessuno». Gli raccontai la storia e provai a tirare le fila: se una persona come Berlinguer ha avuto il sospetto che lo volessero uccidere, perché di questo si trattava, quale giudizio ha su quel gruppo di dirigenti, su quella situazione che è un unicum con l'Unione Sovietica? È chiaro che è un giudizio abbastanza preciso di che cosa sono quei regimi e allora semmai occorre farsi un'altra domanda: nonostante lui avesse un convincimento netto che non c'era più nulla da fare dal punto di vista delle garanzie, delle libertà, di un minimo di vita democratica, perché non ruppe in tempo, totalmente e radicalmente?

Berlinguer – nonostante avesse rapporti forti con alcuni importanti capi socialdemocratici, come Olof Palme, François Mitterrand, Willy Brandt eccetera – non fece il salto per fare del Pci, cambiando anche il nome, un partito socialdemocratico come era nelle cose, perché lui, come dichiarò in alcune delle ultime interviste, sulla scia di Togliatti riteneva che il Partito comunista non potesse rinunciare a un transito democratico, graduale ma verso il socialismo. La presenza di un campo sovietico, con tutto quello che rappresentava in negativo, era però un contrappeso agli Stati Uniti e al capitalismo. Se era assolutamente impensabile dal punto di vista della competizione democratica, invece dal punto di vista degli equilibri militari e di potere, in rapporto alla lotta per l'emancipazione dei popoli coloniali era, a suo avviso, ancora un contrappeso tale da non dare tutto il potere mondiale solo agli Stati Uniti. Ecco la ragione per cui non andò ancora più a fondo, cioè non disse: noi siamo un partito del socialismo europeo.

Non penso che volesse cambiare il nome al Partito, poiché guardava alla prospettiva del socialismo, da non fare con forme insurrezionali, con radicalismi, con ore X, bensì con la gradualità democratica. Servivano riforme di struttura e anche il concorso – perché vedeva il compromesso storico in questa ottica – non solo dei socialisti e dei comunisti, ma anche delle masse cattoliche e di forze organizzate del mondo cattolico, pezzi importanti della stessa Democrazia cristiana. Le considerava forze con cui intraprendere il cammino per fare delle riforme che via via richiamassero quella che già era una società con i caratteri della liberazione dallo sfruttamento, della tendenza all'eguaglianza, come diceva lui stesso. Secondo me era questa la ragione per cui lui mantenne ferma questa linea.

Nei confronti dell'Unione Sovietica, e di questo gruppo dirigente, io conoscevo benissimo le sue opinioni: il suo era un giudizio definitivo, nel senso che non c'era più nulla da fare, bisognava solo prendere atto del fatto che il mondo era diviso, e per mantenere quest'equilibrio la coesistenza pacifica era una delle condizioni per un progresso graduale verso una società socialista.

Ritengo, e l'ho anche scritto più di una volta, che Berlinguer abbia fatto l'atto di rottura politica più forte e significativo – che non è uno dei cosiddetti «strappi» come la questione polacca, l'adesione allo sciopero di solidarietà con Wałęsa – con l'intervista rilasciata nel 1976 a Giampaolo Pansa. In quell'occasione disse in maniera netta che l'ombrello della Nato era più adeguato del Patto di Varsavia per la prospettiva che si era data il Partito comunista di andare verso il socialismo.

Quello è stato un transito, tanto è vero che poi, anche se nessuno lo ricorda, sempre nel '76 e nel '77 ci sono altri due atti che vanno in questa direzione. Quando parlò a Mosca e disse che la libertà e la democrazia sono valori universali anche nelle società socialiste, fu accolto con la freddezza che sappiamo. Il secondo atto è stato la firma, insieme al Partito socialista, alla Democrazia cristiana, ai repubblicani, di un documento di politica estera in cui veniva ribadito che la politica di questi partiti che sostenevano allora il governo di unità nazionale, era europeista e atlantica. Era ben più di un'intervista fatta a Berlinguer, era un documento parlamentare siglato con gli altri partiti che marcava in definitiva un transito politico, come ho detto, significativo. A mio parere l'ostilità verso il transito, un cammino verso il governo, veniva dagli Stati Uniti ma anche, e forse più fortemente, dal gruppo dirigente sovietico.

Non ho dubbi che i sovietici abbiano cercato di impedire la realizzazione del processo del compromesso storico, perché era la negazione della loro linea. Diciamo le cose come stanno, quello era il documento di una grande coalizione, come in Germania. In pratica si gettavano le basi politico-culturali che erano del tutto diverse, erano un passaggio di campo netto, perché non si parlava più solo di riforma agraria, di politica dell'industria di Stato, ma di politica estera. Senza dubbio, quindi, era in negativo, una contrapposizione alla strategia sovietica: adesione e al Patto Atlantico, opposto al Patto di Varsavia. Le adesioni riscosse dall'Occidente provenienti da forze che avevano gravitato più o meno dall'altro campo rappresentavano per loro una sconfitta.

Tuttavia, non mi spingerei a pensare che i sovietici siano arrivati a sostenere forze terroristiche. Non ho nessun atto a riprova di questo. Dopo la scomparsa di Aldo Moro, scrissi un articolo su «Rinascita» e sull'«Unità» dal titolo *I santuari del terrorismo*. Dicevo che in questi santuari convergevano forze nazionali e internazionali, e si ritrovavano poi in alcune sedi che erano contrarie al governo Moro. A tal proposito non ho dubbi. Quando pubblicai l'articolo, Berlinguer mi disse: «Bada che domani ti chiama la procura e vuole sapere da te...». E io gli risposi: «La procura mi può chiamare e mi può dire quello che vuole, io ho fatto un ragionamento politico. Se mi chiama, ribadirò esattamente il ragionamento politico che ho fatto». Però, ecco, che ci siano stati atti militari non posso dirlo. Una volta ho affermato che il Kgb aveva avuto un ruolo nelle vicende del terrorismo nostrano e che ne era convinto anche Berlinguer. Intendevo che tali personaggi erano inseriti nelle agenzie di stampa, nei giornali, e hanno trafficato, hanno avuto rapporti equivoci, magari per conoscere, sapere, indirizzare, informare. Per loro disturbare la linea politica del Partito comunista era bene, non importava se da destra o da sinistra. Che abbiano avuto un ruolo terroristico, però, non lo posso dire.

Tempo fa dichiarai che Togliatti, Longo e lo stesso Pajetta criticavano il Pcus, spesso con parole feroci anche negli incontri internazionali, ma i sovietici li consideravano uomini della Terza Internazionale, gente di famiglia. Berlinguer, invece, era visto come un corpo estraneo, uno che non solo avrebbe creato problemi nel blocco socialista, ma avrebbe portato il Pci fuori dall'orbita sovietica verso gli Stati Uniti. Confermo questo giudizio e faccio una differenza tra il gruppo dirigente che visse la Rivoluzione d'ottobre come la scelta di vita e la costituzione del Partito comunista e il rapporto con la Rivoluzione d'ottobre. Non dobbiamo dimenticare che il Partito comunista, anche con Gramsci e le tesi del '26, aveva davanti a sé la prospettiva della rivoluzione in Europa. Quando, soprattutto dopo il disastro tedesco con l'arrivo di Hitler, la prospettiva rivoluzionaria e insurrezionale fu sconfitta e si andò verso i fronti popolari, e quindi il mutamento dell'Internazionale del '35, è allora che i partiti comunisti cambiano.

Tuttavia, questi partiti, anche il Pci e il suo gruppo dirigente, erano fatti da uomini dell'Internazionale, avevano un rapporto direi quasi carnale con quei Paesi. Anche quando c'era una critica, seppur ferma e decisa, era una critica che non prevedeva una rottura drastica con quella tradizione. Da questo punto di vista ho un ricordo quasi drammatico: quando ci fu l'occupazione di Praga, mi trovavo con Pajetta in Unione Sovietica e Longo era a Mosca, in ospedale, a curarsi. Entrarono le truppe, e Longo ci chiamò in città. Aveva parlato con i sovietici e si era già prodotto un primo scontro. Dopo ci siamo recati all'aeroporto di Mosca diretti a Parigi per incontrare Waldeck Rochet, molto vicino alle posizioni degli italiani, per stilare un comunicato comune, che poi si fece. Prima di imbarcarci, Pajetta si è inginocchiato, ha baciato la terra e ha detto: «È l'ultima volta che io vengo nella mia seconda patria». Riteneva che la posizione di critica da noi assunta avrebbe provocato una rottura. La sua separazione era diventata una separazione quasi religiosa.

Un'altra volta, eravamo a Mosca io, Pajetta e Vittorio Strada, che era lì per uno stage. Mentre passeggiavamo in un parco, Strada fece alcune osservazioni un po' critiche, e Pajetta reagì con un numero spaventoso: «Come ti permetti?». Quando poi Strada se ne andò, gli dissi: «Ma guarda che sui sovietici tu dici peggio, Strada ha detto un decimo di quello che dici tu nei confronti di queste persone». E lui mi rispose: «Io lo posso dire». Vale a dire: lui poteva anche dire che sua madre era puttana, ma un altro non poteva permettersi di dirlo. C'era questo rapporto che nell'altra generazione, quella di Enrico, non c'era; ed Enrico secondo me espresse bene il carattere diverso dall'altra generazione che, pur essendo cresciuta con quel gruppo dirigente, non aveva quel rapporto quasi di sangue, di ferro e fuoco.

Tornando alla proposta del compromesso storico – che non piaceva né agli americani né ai sovietici e nemmeno ai terroristi – e alla paura di un possibile golpe in Italia, debbo dire che più di una volta alla procura di Roma mi hanno interrogato, compreso Nitto Palma. Io dirigevo l'organizzazione del partito negli anni Sessanta, e volevano avere notizie di Gladio, ma erano tutte sciocchezze perché c'è una documentazione certa della lotta che Togliatti fece contro coloro che mantenevano ancora le armi nel 1945. Dopo la Liberazione, c'è stata a Milano una riunione con tutti i comandanti, con Secchia eccetera, durante la quale Togliatti disse che dovevano consegnare le armi, disarmare tutto, e che ogni atto in contrasto con la legalità era un atto che andava contro il partito. Tuttavia, l'unica cosa un po' clandestina era il fatto che nelle regioni c'erano dei compagni incaricati di avere abitazioni dove mandare i dirigenti in caso di golpe. Era una rete di luoghi e di abitazioni che io conoscevo benissimo. Ci sono stati dei momenti in cui si è detto: «Non dormite in casa». Ma io per la verità ci ho sempre dormito.

In quegli anni, quando era ministro degli Interni Franco Restivo – che conoscevo bene perché ero stato uno dei capi all'opposizione all'Assemblea regionale siciliana per dieci o dodici anni – il partito e anche Berlinguer usavano il mio rapporto con lui per capire meglio certe situazioni. Andavo a trovarlo e una cosa che mi colpì fu quando gli chiesi: «Ma perché sei andato a fare il ministro degli Interni quando eri prima ministro dell'Agricoltura?». Lui mi disse: «Perché nessuno voleva fare il ministro degli Interni». Taviani, che lo era stato per un lungo periodo ed era in sintonia con gli Stati Uniti, non voleva essere più ministro degli Interni. E quando ci fu il golpe Borghese e la marcia dei forestali, lui da un canto disse: «Ma queste non sono cose serie», ma dall'altro canto: «Non bisogna nemmeno sottovalutarle per le implicazioni internazionali». Una volta ero da lui, venne un suo uomo a portargli una nota e lui diventò bianco.

Insomma, ho sempre avuto l'impressione che Restivo sapesse e capisse che c'erano delle forze nazionali e internazionali. Del resto lo sappiamo bene, quando poi in ambasciata americana ci fu Graham Martin, e dopo Giovanni De Lorenzo ai servizi segreti ci fu Vito Miceli (in seguito divennero entrambi parlamentari), prese soldi e fu accertato anche da una documentazione che ormai c'è negli Stati Uniti. È chiaro che la possibilità, se non di un golpe come in Grecia, ma di qualcosa che limitasse la libertà, qualcosa che con l'aiuto e la presenza di forze militari e statali potesse fare un sistema semiautoritario c'era. Credo che questa preoccupazione ci sia sempre stata e credo fosse anche legittima.

Dopo il 1981, nel partito un gruppo attorno ad Armando Cossutta disse che c'era stato uno «strappo» operato da Berlinguer nei confronti dell'Urss, uno strappo in senso negativo. Ci furono finanziamenti al Pci da Mosca, il cosiddetto «lavorio», interrotti per volontà di Berlinguer dopo il 1975, come ha raccontato Gianni Cervetti nel suo libro del 1993, *L'oro di Mosca*. Su questa questione ho avuto anche polemiche, in qualità di direttore de «l'Unità», con «Paese Sera» che allora faceva una politica critica e contrastante a quella di Berlinguer. I sovietici diedero soldi a «Paese Sera» dopo il 1975 attraverso Armando Cossutta. Ancora recentemente qualcuno di quei giornalisti ha scritto che io feci polemiche per concorrenza, invece il problema era politico. Non voglio ritornarci sopra perché c'erano anche persone che non erano agenti dell'Unione Sovietica, ma semplicemente ritenevano sbagliata la svolta di Berlinguer perché si separavano da un Paese in cui, bene o male, c'era il socialismo e non il capitalismo. Questa fu anche un po' l'idea di Franco Rodano e di un gruppo che su «Paese Sera» scriveva.

Pensando al Berlinguer segretario, io sono stato d'accordo con lui fino al 1980. Quando fece la svolta di Salerno, siamo andati insieme nelle zone terremotate, io allora ero il responsabile del Mezzogiorno. Ci sono libri in cui sono stati pubblicati i verbali della direzione svoltasi nel 1981 da cui si evince che sono stato critico nei suoi confronti quando propose la parola d'ordine dell'«alternativa democratica». Sono stato il primo a prendere parola quando portò l'ordine del giorno in cui indicava una prospettiva di governo: un governo nel quale il Pci avrebbe assolto il ruolo di perno senza più riferimenti ai partiti. L'osservazione che gli feci, e che gli fecero anche Giorgio Napolitano, Paolo Bufalini, Gerardo Chiaromonte, era: «Il perno cosa vuol dire?». Che il Partito comunista si candidava come guida. Poi lui tolse la parola «perno», ma restò la versione della prospettiva del partito in cui non c'era più nessun riferimento alle altre forze politiche. Io sono stato, insieme ad altri compagni, critico nei confronti di questa prospettiva. Non mi spiegavo perché avevamo fatto il congresso del 1979 per sostenere ancora il compromesso storico e anche la prospettiva di un governo non più diretto dalla Dc.

Nel 1980 feci un'intervista al «Mondo» in cui dissi che la prospettiva, per me, era di rifare un governo tra comunisti, socialisti e democristiani con una variante rispetto al passato: il presidente del Consiglio non poteva più essere democristiano. Allora il giornalista mi disse: «Può essere socialista?». Io dissi: «Sì, purché non sia democristiano». Ancora il giornalista: «Può essere anche Craxi?». «Certo» risposi. Berlinguer fece un comunicato per dire: «Queste sono opinioni personali di Macaluso». Fu la prima volta che la segreteria del partito (l'aveva fatto con Umberto Terracini) faceva un comunicato per sconfessare un membro della Direzione. E per la prima volta mi trovai in dissenso con Enrico. Ritenevo che non mantenere una prospettiva di governo indicando le forze politiche era stato un errore. Come si può pensare di fare un governo degli onesti senza forze politiche? Lo considero ancora adesso un errore.

Tuttavia sia chiaro: quando Berlinguer pose la questione morale non sollevai dubbi su quello che disse. Certo, sembrò che puntasse fortemente solo su questo tema senza più un accordo con i partiti. Tuttavia c'è un fatto: nel 1983, cioè due anni più tardi e un anno prima della sua morte, alla vigilia delle elezioni politiche, fece un incontro con Craxi alla scuola di partito, in cui c'erano Berlinguer, Chiaromonte e, mi pare, Reichlin. Con Craxi c'erano Rino Formica e Claudio Martelli. Fu fatto un comunicato, che io pubblicai poi nella mia rivista «Le ragioni del socialismo», in cui si indicava una prospettiva comune, c'era anche una critica per come era stata affrontata da parte della magistratura la questione del comune di Milano. La rottura avvenne poi sul modo in cui Craxi fece il governo, perché lì ci furono secondo me due cose: Craxi per fare il governo accentuò l'elemento anticomunista e Berlinguer si preoccupò anche di un tentativo di contrapposizione egemonica, perché Craxi pensava di fare il Mitterrand.

C'è una seconda cosa che voglio dire, a onore di Berlinguer, anche per far capire che cos'era quel gruppo dirigente: nell'82, un anno dopo, io lavoravo con lui al secondo piano, quando si aprì la crisi dell'«Unità», e a proporre che io fossi nominato direttore dell'«Unità» fu lui. Nella direzione del partito ci furono due o tre oppositori che proposero il ritorno di Aldo Tortorella, ma Berlinguer fu irremovibile, voleva me a dirigere il giornale, il che dice tutto. Feci il direttore negli anni di Craxi alla presidenza del Consiglio e non ricordo dissensi con Berlinguer in quegli anni, tranne uno: ci fu una polemica con la Rai, Occhetto era responsabile della propaganda e aveva fatto un comunicato e io feci un corsivo come ogni giorno. Enrico mi telefonò: «Ma il Partito ha preso posizione!». E io dissi: «No guarda, io preferisco i corsivi».

Nel 1962 venni a Roma dalla Sicilia per aiutare Berlinguer alla preparazione del decimo congresso e successivamente lo sostituii all'organizzazione. Berlinguer, non ce lo dimentichiamo, con Togliatti segretario, di fatto era il secondo vicesegretario. Quello che governava la vita intera del partito era Berlinguer che guidava un ufficio di segreteria dove eravamo io, Alessandro Natta, Fernando Di Giulio, Franco Calamandrei. A volte andavo a casa sua e insieme badavamo ai ragazzi: si capisce che cosa era la vita politica, una vita fatta anche di rapporti. Quest'uomo sembrava così austero, e lo era in un certo senso, però poi, ecco, badava ai figli come una babysitter. I giorni trascorsi con lui erano passati a fare merenda, a mangiare panini, a parlare del più e del meno, anche a parlare di cose personali, familiari. Enrico è stato un uomo non solo grande politicamente, ma aveva un bell'animo, era un'anima bella.

Penso proprio che il Pci sia finito con la scomparsa di Berlinguer. Quando è morto Enrico ho fatto un giornale che colpì tante persone anche per le titolazioni: ho voluto così dare il senso di cos'era stata la fine di Berlinguer. Penso che Natta sia stato un uomo generoso, di grande e specchiata onestà politica e anche umana e civile. Però Natta non solo non aveva il carisma di Berlinguer, ma non aveva un progetto politico: c'era sempre il progetto di Togliatti, era nel progetto berlingueriano. Ma era *nel* progetto, non era uno che costruiva un progetto. Il Partito comunista, con la fine di Berlinguer, perde quella capacità di innovare continuamente, in rapporto alla situazione, la sua politica e la sua presenza. Penso che dopo Berlinguer il Partito comunista sia andato verso la sua crisi.

7

Eugenio Scalfari

Piansi per lui

Nel 1981 intervistai Enrico Berlinguer sulla questione morale. Mi disse che il problema non era di trovare delle persone di partito che fanno reati nel senso che usano denaro pubblico per scopi privati e comunque illeciti. Di questo si occupa la magistratura. La questione morale era che i partiti avevano occupato le istituzioni e dovevano andarsene. Aggiunse: «Compreso il nostro, ma solo su un livello locale, cioè nelle regioni dove abbiamo la maggioranza». Quindi bisogna disoccupare le istituzioni. La questione morale è nell'averle occupate.

Disse anche: «I partiti non fanno più politica». Allora era vero fino a un certo punto perché i partiti facevano politica, sennonché portavano nelle istituzioni una loro concezione del bene comune, che però era una concezione soggettiva, non condivisa da altri partiti. Infatti c'era la lotta per la conquista del potere, perché soltanto detenendo il potere si poteva attuare la propria visione del bene comune. Il tema sollevato da Berlinguer era questo: le istituzioni sono portatrici dell'interesse generale, non della concezione del bene comune di un partito o dell'altro, perciò i partiti non potevano occuparle.

Berlinguer veniva descritto da alcuni come un uomo legato più al passato che al presente, però proprio in quell'intervista l'idea del limite della politica era un'anticipazione, un'affermazione di grande modernità. Anche perché poco dopo partì una campagna di stampa sostenuta dalla «Repubblica», e lanciata da Bruno Visentini, che ripeté alcune delle dichiarazioni di Berlinguer. In un certo senso dissero la stessa cosa. Secondo Visentini: «La Costituzione dice: il presidente della Repubblica nomina il presidente del Consiglio e su sua proposta i ministri». Quindi la nomina spetta al presidente della Repubblica, il quale naturalmente sa che entro pochi giorni il governo da lui nominato, che è già operativo, deve avere la fiducia del Parlamento. Lì prevale una visione del bene comune per cui il presidente, siccome vede prima com'era la composizione del Parlamento, deve scegliere una persona adatta. Questa fu una campagna sostenuta da Bruno Visentini e da «Repubblica» alla quale Berlinguer, interpellato, disse: «Noi siamo d'accordo».

Nell'intervista c'è anche un riferimento in positivo all'idea di governo non fatto con le logiche del Cencelli. Berlinguer ricorda che Cencelli era, non per caso, nella lista della P2. Il Pci prendeva soldi da Mosca fino a quando Berlinguer ruppe. I soldi poi continuarono ad affluire, ma invece che al partito andarono nella corrente più vicina a Mosca e più lontana da Berlinguer. Nello stesso modo, la Dc prendeva soldi dagli Stati Uniti. Dopodiché la Dc e i partiti alleati si alimentavano anche con le tangenti sugli appalti pubblici. Chi voleva vincere l'appalto pagava e Craxi fu uno degli incassatori più notevoli. Il Pci faceva una cosa diversa, molto diversa: pretendeva che una parte degli appalti fosse vinta e quindi assegnata di fatto alle Coop rosse, le quali passavano al Pci una parte dell'introito che avevano da questi lavori. Era una via indiretta e un po' diversa.

Evidentemente, questa però è una mia intuizione, una

mia opinione, Berlinguer temeva che se non avesse eretto o rinforzato il muro della diversità con comportamenti del tenore di vita dei dirigenti del Pci, il partito si sarebbe rapidamente adeguato alla moralità democristiana e socialdemocratica e un po' anche socialista. In effetti a quell'epoca, mi ricordo com'era l'appartamento di Pajetta, mi è rimasto impresso: tre stanze con le lampadine che pendevano con un filo dal soffitto, non c'era neanche il paralume. C'era solo la lampadina, come nelle case poverissime. Visitai anche la casa di Ferruccio Parri, che non era comunista ma era molto vicino. Non dico cos'era la sua casa quanto a modestia e sobrietà! Insomma, vivevano a livelli molto poveri.

Berlinguer in quel momento stava perseguendo l'idea, poi abbandonata perché non funzionò, dell'eurocomunismo, cioè un accordo tra i partiti comunisti dell'Occidente. Poi scoprì che quello francese era più a sinistra del Pcus, quindi questa cosa non andò. Lui aveva intenzione, però mi pare che non l'abbia fatto, di chiedere l'adesione all'Internazionale Socialista. Berlinguer cominciò subito a prendere un po' le distanze dall'Unione Sovietica. Poi le prese decisamente quando ritenne che l'Urss avesse varcato il limite. All'epoca dei fatti di Praga era vicesegretario e lì ci fu la rottura. Uscì dall'Internazionale, dal Comintern e a quel punto io ricevetti, me lo ricordo ancora, una telefonata di Ugo La Malfa che mi disse: «Eugenio, ormai ha imboccato una strada senza ritorno. Adesso è nostra la responsabilità di non tenerli nel ghetto in cui loro stessi si sono messi». Queste furono le parole di La Malfa.

Come mi ha detto Giorgio Napolitano a proposito della sua adesione al Pci come fatto più morale che ideologico, in quegli anni questa scelta morale spinse molti che non erano ideologicamente comunisti a entrare nel partito, e poi di fatto a diventarlo anche ideologicamente. Se leggiamo per esempio il libro di confessioni di Giorgio Amendola, lui seguì questa via. Proveniva da una famiglia liberale, il padre era liberale, fu il corrispondente da Roma del «Corriere della Sera» per lungo tempo, poi fondò un suo giornale. Amendola disse in quel momento: «L'antifascismo era rappresentato soprattutto dal Pci». Questo stesso discorso l'ha fatto Alfredo Reichlin che a quell'epoca era uno dei dirigenti.

La proposta di Berlinguer sull'austerità in qualche modo era stata preceduta cinque anni prima da quella di Luciano Lama che all'epoca era segretario generale della Cgil ma rappresentava l'intero fronte sindacale, essendo le tre sigle federate. Lui è addirittura arrivato a dire: «Se fosse necessario bloccare la cassa integrazione noi siamo d'accordo». Questo perché la classe operaia dell'epoca ambiva a essere una classe generale, che aveva e impersonava i valori dello Stato, l'interesse generale dentro al quale c'erano anche, per quanto compatibili, gli interessi della classe operaia. Quindi una classe operaia egemone al posto di una borghesia – che poi in Italia non c'è mai stata perché c'erano ben altri tipi di associazioni corporative e clientelari, a parte le organizzazioni mafiose. All'epoca di Berlinguer la classe operaia era ancora una classe generale, tant'è che anche Amendola era sul piano di Berlinguer, cioè l'austerità, che significava questo: noi siamo la classe generale, noi, Partito comunista, siamo la proiezione nella società della classe egemone che è la classe operaia. L'austerità di Berlinguer aveva questo senso. Berlinguer era di una sobrietà... niente a che vedere con la celebre vignetta, come sempre paradossale, di Forattini che rappresentò Berlinguer in vestaglia mentre prendeva il tè intanto che fuori c'era la manifestazione dei metalmeccanici.

Berlinguer è riuscito a prendere un partito al 25 per cento e a portarlo in pochi anni al 34. Lo spostamento è avvenuto soprattutto tra gli intellettuali che non sono certo molti, ma sono in qualche modo pesci pilota, se dicono cose concretamente importanti. Tra i docenti, tra gli studenti, quindi a quello che era ancora il blocco operaio del partito, si aggiunse un blocco che possiamo chiamare borghese. Per essere più chiaro, si aggiunsero tutti quelli, ed erano parecchi a quel punto, la cui cultura era il liberalsocialismo dei fratelli Rosselli e del Partito d'Azione, che stranamente, dopo essersi sciolto nel 1947 o nel 1948, avendo riportato alle elezioni un nulla di fatto, diventò come cultura molto esteso. Bobbio, tanto per fare un nome, veniva dal Partito d'Azione. E anch'io. Gli studenti, i giovani, i figli degli operai che andavano all'università con le borse di studio erano molto pochi. In realtà erano i figli dei professionisti quelli che andavano all'università, allora il ceto professionale si spostò e questa è la ragione del successo elettorale.

Berlinguer nell'intervista parla di «verticismo, burocratismo e opportunismo che produssero un indebolimento del rapporto con le masse». Il Pci aveva perso quel 34 per cento a cui Berlinguer l'aveva portato ed era passato al 30 per cento. Poi purtroppo, con la sua morte, arrivò addirittura al 35 per cento, ma era un omaggio sentimentale. Aveva perso perché c'era un senso di stanchezza, ci fu la marcia dei 40.000 a Torino. Ecco, quello è il simbolo. E anche Berlinguer che era andato ai cancelli di Mirafiori. Nel frattempo possiamo dire che la classe operaia non era più una classe generale, si era disgregata in una serie di categorie o proprio di sottocategorie che avevano contratti uno diverso dall'altro, rapporti con la proprietà e il padrone uno diverso dall'altro. Quindi era la classe operaia che in realtà era venuta meno.

Non so se alla fine Berlinguer facesse fatica a leggere i mutamenti sociali, credo piuttosto che lui capisse. Però aveva molto l'occhio per l'interesse generale, tant'è che fece l'accordo con Moro. Lui lo vedeva sotto la luce del compromesso storico, cioè le masse cattoliche e quelle socialiste, comuniste, scoprono di avere gli stessi interessi e da questo accordo dal basso nasce poi l'accordo tra i partiti politici che hanno queste masse diverse come punti di riferimento.

Secondo me, Moro era molto più aderente alla realtà. Diceva: «Loro lo vestono con questa veste, ma in realtà qui si tratta di un governo di unità nazionale, reso necessario dal degrado del Paese. Il degrado del Paese significa che noi dobbiamo modernizzare questo Paese, modernizzare la pubblica amministrazione, tirare su il Mezzogiorno, è un'impresa che richiederà anni, non mesi. Il nostro non è un governo di compromesso perché adesso c'è il terrorismo. Certo, quello è il numero uno in questo momento ma dopo consiste nel modernizzare il Paese. Quando questo è stato fatto il Pci è totalmente diventato democratico, quindi la democrazia è compiuta e ognuno di noi ritorna alla sua contrapposizione, ma nel quadro di un'alternanza, non di un'alternativa». Questa era la sua visione che mi confidò in un'intervista, che uscì postuma perché fu sequestrato quindici giorni dopo e m'aveva detto: «Lei non la pubblichi fino a che io non glielo dico». Io fui fedele, poi lui fu rapito... La pubblicai dopo la morte e il segretario di Moro, che aveva assistito all'intervista, disse: «Sì, è esattamente quello che lui disse a Scalfari».

Ovviamente né gli americani né i sovietici avevano piacere che quella prospettiva si realizzasse.

A proposito del sequestro Moro, credo che lo si debba alla volontà di bloccare la solidarietà nazionale e il compromesso storico. Quanto alla sua morte si hanno varie teorie perché il gruppo dirigente delle Br, secondo quanto è stato ricostruito dalle inchieste anche giudiziarie, si spaccò in due: c'era chi lo voleva morto e chi voleva invece che, tornando, mandasse per aria la Dc. Dalle lettere di Moro infatti si capiva che aveva un risentimento profondo sulla condotta della Dc, secondo lui, in quel frangente. A un certo punto mi pare fu Moretti a decidere per la morte e forse fu Gallinari a eseguirla, anzi Gallinari, che non credo fosse d'accordo, comunque la eseguì.

Si dice anche che la P2 avesse messo il becco nella gestione del rapimento Moro per indirizzarlo verso quell'esito, come anche nella strage di piazza Fontana, o meglio, allora non esisteva la P2, ma qualcosa di equivalente, si chiamavano servizi deviati... ma questa è un'altra storia.

Berlinguer non voleva abbandonare la parola «comunista», poi si proclamò non stalinista ma leninista, faceva questa distinzione. Dopo diventò decisamente democratico, forse lo era sempre stato, ma lo era *in pectore*. Varie volte ero con lui perché eravamo diventati amici, ci vedevamo anche a cena a casa dell'uno o dell'altro e soprattutto a casa di Antonio Tatò che era il suo factotum, gli dicevo: «Ci metti molto tempo, questa è un'operazione che va fatta veloce». Lui mi disse: «Non posso farla veloce, perché io non voglio che la retroguardia ci lasci e la retroguardia è ancora quella che dice: "Addavenì Baffone". Quindi io ho bisogno di tempo». Io gli dissi: «Se perdi la retroguardia pazienza, stai con l'avanguardia e col grosso». «No, se perdo la retroguardia ho un partito alla mia sinistra e io non voglio partiti alla mia sinistra sennò faccio la fine dei socialisti. Vedi come sono finiti i socialisti? Io non voglio finire come i socialisti.»

Ero abbastanza affascinato da Berlinguer: come figura, come persona era il massimo di quello che un democratico poteva desiderare. Era una persona integerrima, sobria, timida ma col martello. Non fu mai incudine Berlinguer, né consentì che il suo partito diventasse incudine, questo va detto. Io ero molto preso, nacque un'amicizia personale tra lui e me.

Quando arrivò la notizia che era morente, sentii il bisogno di andare a Botteghe Oscure e unirmi al compianto imminente. Erano rimasti pochi dei dirigenti perché il grosso era già partito per Padova. Gli altri aspettavano di chiudere la giornata, appunto perché non ero il solo che era andato a compiangere Berlinguer. Fui fatto entrare per un accesso laterale, come avevo chiesto perché non mi andava di essere ripreso dai fotografi, diventava quasi un'esibizione. Fui introdotto nella stanza della direzione dove erano seduti a cerchio tutti quelli che stavano per partire. Al centro c'era il più alto in grado di quelli rimasti, Pietro Ingrao. Si alzò, mi venne incontro, ci demmo la mano, mi fece sedere e io dissi pochissime parole perché c'era poco da dire. Prima domandai: «Come sta?» e mi dissero: «È questione di ore, è finito». «Ma è vigile?» «No, non è vigile, è in coma.» E io dissi: «È una grandissima perdita per voi e anche per la democrazia italiana».

Dopodiché mi alzai, Ingrao si avvicinò di nuovo, eravamo amici, e mi abbracciò. Io ho questa cosa, che è un mio difetto caratteriale, scoppiai in pianto, non è che mi commossi, proprio cominciai a piangere a singhiozzi e mi ricordo ancora che Ingrao a quel punto mi abbracciò e mi consolò. Io fui consolato da Pietro Ingrao perché moriva Berlinguer. Questo è il massimo. Io non sono mai stato comunista, ho cominciato a votare Pci quando morì Ugo La Malfa, ma le mie idee sono liberaldemocratiche, liberalsocialiste, non comuniste. Prima votavo il Partito repubblicano, che già era molto piccolo, però rappresentava moralmente un'indicazione per chi faceva il mio mestiere e aveva la mia funzione.

A mio avviso il Pci in grossa parte è finito a Padova e in piazza San Giovanni, il giorno dei funerali. Diciamo che è finita quella che lo stesso Berlinguer chiamava la «spinta propulsiva».

8

Alberto Franceschini

Il nemico delle Br

Per noi Berlinguer era «il capo dei venduti» perché di fatto era quello che cercava in qualche modo di portare il Partito comunista all'interno di un progetto occidentale, non di tipo rivoluzionario. Era venduto in questi termini: stava svendendo un patrimonio storico non in nome di una rivoluzione, ma di un riformismo più o meno profondo.

Era un nemico perché lo consideravamo un riformista. Io ricordo che secondo noi il punto di svolta fondamentale all'epoca è stato il congresso di Bologna del 1969 in cui per la prima volta il Partito comunista disse in maniera chiara ed esplicita che la Costituzione italiana così com'era era perfetta, cosa che prima non era mai stata detta, perché c'era sempre stata l'ambiguità di una Costituzione nata da un confronto tra due forze diverse che si combattevano per arrivare a certi obiettivi. La nomina di Berlinguer come vicesegretario, allora era segretario ancora Longo, sanciva secondo noi proprio questo tipo di percorso che avrebbe portato alla distruzione del Partito comunista.

Una parte del partito era assolutamente contraria e viveva Berlinguer come nemico. Sicuramente Pietro Secchia era un personaggio di questo tipo. L'altro elemento che secondo me è fondamentale, e non è mai stato indagato fino in fondo, è Giangiacomo Feltrinelli. Erano due i personaggi chiave di riferimento di questo percorso che avrebbe portato alla rottura del Partito comunista. Da una parte Secchia, come quadro storico del partito, e dall'altra Feltrinelli, una persona che aveva relazioni internazionali estremamente importanti e complesse, e che poi cercò di far saltare due tralicci l'elettricità per impedire di far eleggere Berlinguer durante un congresso del Pci nel 1972 a Milano. Ma di quell'attentato non so niente, perché lui aveva una sua organizzazione, i Gap.

Rapporti diretti con l'Est non ne avemmo mai. Anzi, durante i primi quattro anni in cui io sono rimasto fuori, li abbiamo sempre rifiutati nonostante Feltrinelli ce li proponesse. Lui sosteneva che la rivoluzione in Europa doveva trovarsi degli alleati, non poteva svolgersi in solitudine o alla Che Guevara... Quindi quello che lui chiamava il campo socialista, l'Unione Sovietica con i vari satelliti, era di fatto oggettivamente l'alleato fondamentale che bisognava perseguire. Noi non eravamo d'accordo e definivamo l'Unione Sovietica come social-imperialismo, prendendo la terminologia di Mao, cioè come una forma di capitalismo che probabilmente è quello che adesso funziona alla perfezione in Cina. Però nel nostro giro culturale c'era questa idea di Stalin come l'uomo forte, l'uomo che aveva sconfitto i nazisti, il grande compagno. Poi, proprio per il fatto che il Partito comunista lo rinnegava, lo rifiutava, dal nostro punto di vista era invece importante riprenderlo.

Nel volantino che gestiva il rapimento di Ettore Amerio nel dicembre 1973, per la prima volta lanciammo la parola d'ordine che poteva sembrare un'eresia, ma per noi era fondamentale: secondo noi il movimento operaio doveva rompersi. In genere a sinistra si è sempre detto che bisogna unire, noi dicevamo che dovevamo dividere i comunisti, i rivoluzionari dai berlingueriani. Abbiamo introdotto questa categoria dei berlingueriani per differenziarli dai comunisti. In fondo anche il rapimento di Moro è coerente con la nostra strategia per certi aspetti. È un'operazione intelligente dal punto di vista di chi la compie e di chi poi la dirige, un'operazione di rottura del compromesso storico. Infatti dopo la morte di Moro in realtà il processo non è più andato avanti.

La scelta del 16 marzo 1978 è stata casuale, ma ci sono tante cose strane. Si è sempre cercato di definire il sequestro Moro come un processo alla Democrazia cristiana. Noi dal carcere, durante i processi, siamo i primi a dire in un volantino: «Guardate che questo non è semplicemente il processo alla Dc, è una cosa ben più importante, è l'attacco al compromesso storico». La cosa che a me stupisce è questa: chi ha fatto quell'operazione, ma solo in una prima fase, è stato intelligente, ma poi è stato allucinante nella fase finale. Non sapeva quello che stava facendo, dal punto di vista politico non ne capiva la profondità. Questo è secondo me l'aspetto più inquietante. Io li conoscevo bene uno per uno, nessuno era all'altezza di concepire un'operazione del genere.

Mi fa pensare che l'abbia concepita qualcun altro. Qualcuno o vari altri hanno spinto verso una certa direzione servendosi dell'operazione. All'epoca mia, dopo il sequestro di Sossi, per portare l'attacco nel cuore dello Stato, avevamo il progetto di sequestrare Giulio Andreotti, infatti quando mi presero avevo in tasca una serie di riferimenti a lui. Lo ritenevamo l'esponente fondamentale di una destra atlantica che voleva portare il neogollismo, noi lo chiamavamo così, voleva fare dell'Italia un Paese di destra, di estrema destra... Poi alla fine il discorso è diventato il sequestro di Moro. Io varie volte ho chiesto ai compagni perché. Dal punto di vista politico il sequestro di Andreotti e quello di Moro non erano equivalenti. Mi è stato risposto da tutti quelli che hanno concepito questa idea che loro avrebbero voluto sequestrare Andreotti, ma non si poteva più fare dopo il mio arresto. Anche qui il discorso è inquietante: come se qualcuno sapesse e ti costringesse a seguire una certa strada.

Nel nostro gruppo c'era uno che lavorava per lo Stato e ha lasciato che rapissimo Sossi. Quindi c'è da intendere che anche lui fosse contro il compromesso storico. Lì infatti l'operazione ce l'hanno fatta fare. Questo personaggio è importante per tutta una serie di aspetti, è uno di quelli che ha fatto il sequestro materialmente perché era un ex parà, quindi era prestante. Essendo un militare, non aveva una particolare idea politica riguardo l'evento. Per noi comunque il sequestro Sossi rientrava sempre in un discorso di destra, di Andreotti, della destra che stava avanzando. Se avessero voluto arrestarci tutti avrebbero potuto farlo già allora. Invece c'è stato un percorso di un certo tipo.

Il sequestro Moro è la fine del compromesso storico, quindi la fine della più importante strategia di Berlinguer. Il comunicato sul lago della Duchessa è un messaggio estremamente ambiguo. A prima vista è un messaggio di morte, viene subito da pensare: «Moro è morto». Sul volantino si fanno addirittura i funerali di Moro e si dice dov'è la sua tomba, sul lago della Duchessa. Io credo che in realtà quel volantino rappresenti realmente un punto di svolta all'interno dell'organizzazione. Per qualche motivo da lì inizia un percorso, forse un processo di rincontro per una trattativa; io credo che ci sia stata per forza una trattativa, come c'è stata per il sequestro Sossi. Noi durante il sequestro Sossi abbiamo messo in piedi una trattativa che passava attraverso la moglie, gli avvocati e la Chiesa. Secondo me è stato fatto un percorso simile perché se non altro sarà stata la Chiesa a proporsi come possibile mediatore.

Non è un caso che sia lo stesso giorno in cui viene «bruciato» il covo di via Gradoli. Le due cose sono strettamente collegate perché è un messaggio preciso, non è semplicemente il volantino di un mitomane. Contemporaneamente, quasi alla stessa ora, viene scoperto il covo con tutte le armi eccetera... ed è un segnale preciso da dare a qualcuno per dire: «Guardate, l'operazione deve finire in un certo modo, altrimenti vi troviamo, sappiamo già dove siete».

Moro era, credo, in via Montalcini, dove c'era la sua prigione. Io ho questo dubbio: Sossi rimase trentacinque giorni nelle nostre mani, in una stanza enorme e abbastanza accogliente. Rimanere invece cinquantacinque giorni in uno sgabuzzino mi sembra difficilissimo che possa essere successo. Probabilmente Moro è stato portato in diversi luoghi e via Montalcini è forse la fase finale o quasi la fase finale, perché poi c'è tutto il discorso del ghetto...

Questi sono i dubbi che restano. L'esecuzione deve essere avvenuta intorno alle 6 di mattina e, stando ai periti che hanno analizzato il corpo, sembra non sia avvenuta intorno alle 9,30-10 della mattina. Quindi è possibile che si siano mossi da via Montalcini a via Caetani con il corpo di Moro in macchina, con la città presidiata. Anche il fatto che abbiano ucciso Moro in garage mi pare assurdo, perché se lo vuoi uccidere non aspetti di caricarlo in macchina con il rischio che ci siano testimoni – infatti ci sarebbe una testimone. Se lo vuoi uccidere lo uccidi in prigione, nella cella stessa che è il posto più occulto, più riparato. C'è tutta una serie di incongruenze assolutamente poco credibili.

Mario Moretti era la sfinge, come dice il senatore Sergio Flamigni. Anche per me che l'ho conosciuto bene – abbiamo convissuto insieme per anni – era un tipo inquietante, un personaggio che non aveva una profonda cultura politica, leggeva molto poco. Probabilmente veniva dalla destra cattolica, poi tra il 1968 e il 1969 passò all'estrema sinistra come molti. Aveva delle doti da organizzatore, era un manager di medio-basso livello però, insomma, questa era la sua qualità secondo me. Ecco, io ho sempre pensato che lui fosse un uomo di Corrado Simioni cioè di Hyperion, che era una camera di compensazione tra i servizi dell'Est e i servizi dell'Ovest.

Come ho dichiarato in passato, partimmo alla conquista di un nuovo mondo ma non ci rendevamo conto che in realtà aiutavamo a puntellare quello vecchio. Quindi sostanzialmente le Brigate rosse hanno avuto una funzione regressiva, anche perché in qualche modo hanno rappresentato la fine del comunismo – che è finito per una serie di eventi. Siccome nel comunismo viveva questa liturgia della lotta armata, della rivoluzione eccetera, noi abbiamo in qualche modo portato a compimento questo lato del comunismo di cui alla fine non resta più nulla. Credo che di fatto ognuno di noi, così come Berlinguer, ha portato a compimento qualcosa che storicamente era finito.

Non abbiamo mai pensato di attaccare fisicamente Berlinguer. E neanche un dirigente del Partito comunista. Infatti il sequestro dell'operaio Guido Rossa a Genova nel 1979 è stato per me il trauma più grosso, ancora più del sequestro Moro. Il sequestro Moro in qualche modo poteva stare nella mia concezione delle cose, anche se politicamente e tatticamente era sbagliato perché, ripeto, secondo me si doveva rapire Andreotti. Ma l'omicidio di Rossa, un operaio, fatto in quel modo, è stato assolutamente allucinante. Lì si è incrinato quasi completamente il mio rapporto con le Brigate rosse. Anche perché non mi hanno mai dato una spiegazione, chi avrebbe sparato poi è morto, è stato ucciso dai carabinieri. È assurdo l'atteggiamento di questo compagno che torna indietro per spargli, prima l'avevano semplicemente ferito nelle gambe.

Secondo me anche lì c'è un doppio livello, come in tutte le cose importanti.

Alla notizia della morte di Berlinguer, oramai per me l'esperienza con le Brigate rosse era chiusa. Ritenevo comunque che Berlinguer fosse intelligente e un'aquila dal punto di vista politico, una persona di grande spessore. Non c'è mai stato un odio nei confronti di Berlinguer come persona, forse anche perché vengo dal Partito comunista. Era più che altro il simbolo che rappresentava Berlinguer a dare fastidio. In ogni caso nessuno di noi ha mai pensato di attaccarlo. Infatti nelle nostre sedi non c'è traccia di un'idea del genere.

Noi alle elezioni tifavamo per il fucile, dicevamo che non bisognava andare a votare. Neanche speravamo nel risultato peggiore possibile. Nel nostro schema la crisi del petrolio del 1973 era l'inizio di quella che chiamavamo crisi generale del capitalismo e forse, vista la situazione attuale, l'idea non era poi così sbagliata. Questa avrebbe portato all'impoverimento progressivo anche del ceto medio, a proletarizzare. Da un punto di vista politico lo sviluppo della Trilateral Commission, di tutti questi soggetti che avrebbero distrutto ogni ambizione di difesa nazionale, secondo noi nel giro di cent'anni avrebbe portato a veramente un radicale processo rivoluzionario non solo in Italia ma a livello mondiale. Questa era l'ipotesi di lavoro, perciò non ci siamo mai interessati più di tanto agli aspetti nazionali di questo tipo.

C'è un paradosso: la politica apparentemente più moderata, quella del compromesso storico, aveva contro gli americani, i sovietici e noi – probabilmente eravamo spinti da sia dai sovietici che dagli americani.

Ho avuto la sensazione che forse qualcuno ci stava portando da qualche parte, mettendo insieme due cose: da un lato c'erano stati i tentativi degli israeliani di avere con noi un rapporto diretto, erano interessati a che noi facessimo casino, attentati eccetera, per destabilizzare l'Italia. Quest'idea mi è sempre girata nell'orecchio perché pensavo: «Noi abbiamo rifiutato, ma quelli di dopo? Hanno accettato? Hanno rifiutato?». Da un lato avevo questo sentore che in qualche modo mi rodeva e poi questa cosa comunque già comincia a sedimentarsi nel sequestro di Moro. Lì comincia il dubbio rispetto ai compagni fuori, tant'è che arriviamo a una rottura tra quelli di dentro e quelli fuori. Tra il 1979 e il 1980 noi siamo stati emarginati dall'organizzazione, infatti io di tantissime persone e avvenimenti non so più nulla.

Le carte del memoriale Moro sono state, se non sono ancora, la parte della vicenda meno trasparente della vita pubblica e italiana, anche per il modo in cui sono state ritrovate: a pezzi, in anni diversi, sepolte, dietro a un termosifone. Certamente c'è chi dice che il cuore della trattativa stava in tali carte, nelle cose scritte e dette da Moro, ecco il punto chiave che andava recuperato da certi poteri per evitare che succedesse un casino inimmaginabile. A questi soggetti, chiamiamoli interlocutori, Moro interessava poco, anzi era meglio per loro se fosse stato ucciso. Erano decisive queste carte, molte delle quali probabilmente sono state occultate. Dalla Chiesa diceva alla Commissione Stragi che per rintracciarle bisognava andare in Francia.

Io non credo che le Brigate rosse non abbiano registrato e non abbiano conservato nulla, anche perché già durante il sequestro di Sossi abbiamo registrato e conservato addirittura un pezzo in cui c'è la voce mia e di altri, perché era il pezzo in cui lui diceva la verità. Quindi abbiamo voluto tenerlo come realtà per la storia. Questo materiale è stato anche pubblicato da «Panorama» dopo il nostro arresto. C'è lui che piange, è un pezzo molto forte. Per questo l'abbiamo conservato, così abbiamo dimostrato che non raccontavamo balle. Quindi mi sembra strano che non si siano cautelati rispetto al sequestro Moro. Io ricordo addirittura che Moretti voleva che durante la prigionia di Sossi ci mettessimo a filmare. Noi non lo facemmo perché non ce ne fregava un cazzo, ma questo può essere avvenuto durante il sequestro di Moro.

Gallinari e Moretti sono sicuramente i due personaggi chiave rispetto al sequestro. Poi ci sono personaggi un po' secondari: Anna Laura Braghetti e anche altri che vanno in Francia e poi tornano, mentre altri non si sono mai mossi dall'Italia. Però erano molto accentrati, e siccome c'era anche il discorso della compartimentazione era anche non bello che uno chiedesse a un altro dei particolari... Nessuno mi ha mai detto nulla su com'era Moro in carcere.

Nella nostra storia ci sono tante vicende strane che possono essere giustificate o con la stupidità o con il fatto che uno a un certo punto diventa matto. Penso per esempio a quando Moretti preparò un cartello, che apparve sul «Corriere della Sera», con la stella israeliana invece della stella a cinque punte. Disse che si era sbagliato; strano, nel 1972: forse era un messaggio di risposta per gli israeliani: «Guardate che c'è qualcuno che comunque può essere un punto di riferimento...».

Ci sono eventi logicamente incomprensibili, oltre che politicamente incomprensibili. E ci sono personaggi ambigui, che hanno anche un rapporto con il potere molto strano.

9

Claudio Signorile

Avversari a sinistra

Le posizioni di Berlinguer – ovvero lo stare sotto l'ombrello della Nato, la scelta europea e la progressiva rottura con l'Unione Sovietica – erano le ragioni che ci portavano ad avere in Berlinguer un riferimento, pur con le polemiche, le diversità, la consapevolezza della differente identità. Era comunque un riferimento costante, infatti gli incontri a due Craxi-Berlinguer, a quattro, a otto, a dieci, alle Frattocchie, tutti senza uno sbocco finale conclusivo, erano però il segno visibile di questa continuità, di questa prosecuzione nella dialettica, per cui non c'era l'incomunicabilità di cui tende a parlare una certa storiografia.

La cosa che mi ha sempre molto colpito di Berlinguer era la forte componente internazionale della sua riflessione politica. In questo lui era un dirigente comunista della generazione precedente. Si è sempre mosso avendo ben chiaro il contesto internazionale e quando dice «l'ombrello della Nato» si riferisce a quanto in quegli anni sta avvenendo nel contesto Nato e nei rapporti Nato-Patto di Varsavia, in particolare in Europa.

A proposito dell'Unione Sovietica fa un ragionamento da comunista che vuole riformare il comunismo e sa che con l'Unione Sovietica non lo riformerà più. Si crea la consapevolezza che il destino dei comunisti occidentali non è più l'espansione o la forza dell'Unione Sovietica perché, come disse in quella famosa frase, l'Unione Sovietica ha perso la sua spinta propulsiva. Nasce quella cosa ambigua, però tutto sommato comprensibile, dell'eurocomunismo, cioè il tentativo di dare un contenitore a un'idea, che io considero abbastanza velleitaria, del riformismo comunista, la capacità di autoriforma del movimento comunista in Occidente.

Questi per noi erano valori positivi: ci consentivano di parlare a figure politiche concrete, con le quali sicuramente non eravamo d'accordo ma nelle quali vedevamo un processo anche difficile di cambiamento, di riforma. Fra il 1976 e il 1980, le due diverse valutazioni – l'alternativa proposta dai socialisti dopo il 1976 con il congresso di Torino e la solidarietà nazionale che era l'evoluzione del compromesso storico che Berlinguer portava avanti – in qualche modo convergevano verso un'ipotesi strategica comune. Nella nostra lettura l'alternativa non era una dichiarazione retorica: era alternativa di sistema ma soprattutto alternativa riformista, letta sotto la voce dell'alternanza. Questo era nella nostra visione un passaggio essenziale da vivere all'interno della solidarietà nazionale che dava alla sinistra una concreta possibilità di guidare il Paese. La stessa cosa con minore chiarezza ma, posso testimoniare, con attenzione alle conseguenze, veniva da parte comunista. Per esempio la lettura migliorista di Gerardo Chiaromonte non contraddiceva il ragionamento berlingueriano, ma considerava la solidarietà nazionale il passaggio attraverso il quale il Paese veniva risanato, anziché una soluzione permanente.

Questi sono anni nei quali Craxi e Berlinguer, pur diversi e conflittuali, venivano a essere in qualche modo, forse anche al di là delle loro complete intenzioni, due riferimenti dell'unico periodo in cui la sinistra ha letto in termini strategici concordabili l'avvenire del Paese. Avevano una lettura diversa della società, ma c'era un elemento comune a entrambi: il senso unitario. La generazione di Berlinguer, che è quella di Craxi e anche la mia, ha vissuto almeno per una parte quel profondo rapporto unitario che vedeva socialisti e comunisti, pur nel conflitto politico, mantenere alcuni elementi comuni, quasi psicologici, antropologici per certi aspetti. Le generazioni successive non l'hanno vissuto. Questo elemento consentiva di inquadrare la polemica anche personale, anche umorale, sempre contenuto in un ambito non definitivamente e radicalmente conflittuale.

Voglio fare un esempio concreto. Tra il 1976 e il 1980 si cerca di costruire una soluzione forte per la democrazia italiana e una soluzione di governo per la sinistra. Nasce la formula «sinistra di governo», elaborata proprio da noi attraverso varie iniziative. Però sono anche gli anni del fondamento di questo rapporto unitario, che era la gestione delle autonomie locali nelle grandi regioni e grandi città, governate da socialisti e comunisti. Se non si colgono tutti questi elementi, l'approccio è troppo semplicistico: a Craxi era antipatico Berlinguer e Berlinguer avversava Craxi. Tali componenti comunque ci sono e certe volte hanno reso più difficile la gestione di questa fase politica.

Nel 1976, in piena strategia della tensione, un governo di alternativa del 51 per cento non era immaginabile, però andava preso sul serio come prospettiva e collocato all'interno di una strategia di solidarietà nazionale che a un certo punto Berlinguer difendeva. Quello che io considero un errore di Berlinguer è di aver aperto la polemica sul 51 per cento in cui c'era una componente di realismo e di verità. Eravamo perfettamente consapevoli anche noi socialisti che in quella fase storica non si governava con il 51 per cento, ma una cosa è prendere atto di una condizione concreta, un'altra negarne il valore politico e strategico perché questo dava un significato diverso alla solidarietà nazionale. La solidarietà nazionale aveva senso perché noi portavamo dentro la strategia dell'alternativa. Sembra un paradosso, ma non lo è. È la politica, quella vera, quella forte.

Il saggio di Craxi su Proudhon del 1978, in risposta all'esaltazione della «lezione leniniana» di Berlinguer, era legato a una forte spinta del gruppo degli intellettuali connessi al «Mondo Operaio» liberarsi della piattaforma leninista come piattaforma di riferimento, altrimenti era impossibile parlare di alternativa. Ci fu successivamente un'analisi sulla compatibilità fra la teoria marxiana, non marxista, e la democrazia e sul significato universale della democrazia. Proudhon fu quello che consentiva di dire: «Attenzione, c'è nella storia del socialismo europeo una lettura pluralista, democratica, autogestionaria per certi aspetti che in qualche maniera consente di dire che non deve essere una sola la voce di riferimento di un rapporto a sinistra». Ciò determinò a mio avviso dei ritorni anche superiori a quelli a cui pensavamo.

Devo sottolineare che Berlinguer si comportò da uomo politico e da uomo di Stato, pur avendo seri problemi a portare il gruppo comunista a votare la fiducia al governo Andreotti. È bene correggere l'idea di un Berlinguer romantico sognatore di austerità o seguace di strategie fumose e astratte. Negli anni di cui sto parlando fu forte, intelligente e attento sostenitore di uno sbocco politico organico, seppure come ipotesi concordata allora fra Berlinguer e Moro, avallata dai socialisti (Ancora ne era testimone), al quale dovevano partecipare tutti i partiti collocati nella maggioranza con una presenza di ministri comunisti, cosa che avrebbe segnato grandi cambiamenti. Questo è un passaggio di una delicatezza estrema, molto riservato, di cui eravamo in pochi a sapere. Era uno degli elementi sui quali venne fatta una polemica anche strumentale all'interno dei partiti, però era una soluzione molto importante e forte che fa comprendere il rapimento e la morte di Moro in una chiave un po' diversa.

Sulla questione morale occorre dare una lettura più complessa di quanto non si faccia normalmente. Anzitutto, con la fine della solidarietà nazionale, cioè con il cambiamento degli equilibri politici nei partiti che rendono impercorribile questa strada, Berlinguer non aveva più una politica di governo disponibile, non aveva più una dialettica politica praticabile perché la Dc gli aveva chiuso il dialogo e il Psi giocava ormai al governo dello Stato, anche se nel Paese manteneva con il Pci il governo delle autonomie. Nell'intervista a Scalfari, le parole del giornalista tendono verso una lettura etico-politica. Il ragionamento di Berlinguer invece è storico-politico, cioè: la questione morale è la conseguenza di un appiattimento dei partiti nella gestione del potere, nell'individuazione delle istituzioni come strumento di forza, non come elemento nel quale rappresentare gli interessi dei cittadini. Veniva meno da parte degli altri partiti, ma non del Partito comunista, di un rapporto con la società che li rendesse dialettici rispetto alle istituzioni; la gestione del potere diventa la giustificazione dei partiti e della loro presenza nel governo. In questo onestamente non aveva torto.

La seconda parte è fare della questione morale una strategia politica e questo non so se definirlo un errore. È l'eredità che Berlinguer lascia al Partito comunista ed è un'eredità avvelenata perché la questione morale diventa la base della separatezza del Partito comunista rispetto alle altre forze politiche. Viene meno la capacità di costruire un processo politico finalizzato a soluzioni concrete, diventa fondamentale la mobilitazione di massa, si pensi agli anni 1984, 1985 e via dicendo: diventa essenziale la demonizzazione dell'avversario. Tutte cose che, a mio giudizio, non fanno parte della storia politica di Berlinguer tra il 1976 e il 1980 e in qualche maniera consegnano al Partito comunista una prospettiva difficile da gestire.

La linea della «trattativa», o meglio della iniziativa, assunta dal Psi durante la vicenda Moro non era, come invece dice l'ambasciatore Gardner nelle sue memorie, funzionale a far saltare il compromesso storico; assolutamente no. Nel 1978 ero il vicesegretario, avevo un'influenza molto importante nel partito e non avrei mai consentito un'interpretazione di questo genere della linea. Tant'è vero che consideravamo la solidarietà nazionale, che non è il compromesso storico ma è la sua traduzione praticopolitica, un contenitore del processo dell'alternativa. Non un elemento estraneo o addirittura contrapposto.

Ricordo bene come cominciò. Una quindicina di giorni dopo il rapimento, stavamo parlando con Craxi del governo, mi pare ci fosse anche Giuseppe Di Vagno, e io dissi: «Ma questi non stanno facendo niente, non stanno muovendo nulla». Ogni mattina sentivamo tetragoni padri della patria o giornali di opinione spiegare con fermezza e con tono meditato, che non bisognava fare niente. Dovevamo aspettare che qualcuno ci buttasse il suo cadavere sui piedi. Nasce così l'iniziativa: cercammo di allargare i contatti, far capire che c'era chi si preoccupava di trovare una soluzione meditata, politica di questa situazione. Poi, naturalmente, si aprì la polemica, «Noi non vogliamo il bene dello Stato». Io cercai di spiegare che il governo ha il dovere, essendo esecutivo, di fare delle cose, come poi fece negli anni successivi con la legislazione dei pentiti, con l'iniziativa nei confronti del brigatismo organizzato, ma nella fase di Moro non lo fece. Volevamo arrivare, per quanto possibile, fino in fondo nell'operazione Moro-Andreotti-Berlinguer-socialisti, con una soluzione organica di solidarietà nazionale, di governo quindi.

Dopo la sua morte, il primo problema col quale ci dovemmo misurare tutti fu che Moro non era sostituibile nella Dc. La forza, l'autorità, la capacità di convinzione che lui esprimeva non trovavano eredi... La soluzione fu quella di andare a elezioni anticipate nel 1979, da cui si pensava potesse sortire uno sbocco positivo della solidarietà nazionale.

Quando nel congresso del Pci nel marzo del 1979 Berlinguer difese con tanta forza la prosecuzione della solidarietà nazionale non fece, come mi pare abbia detto Macaluso recentemente, un errore. Stava semplicemente applicando un disegno politico forte e difficile. Ci furono le elezioni, dalle quali non venne il risultato che si pensava, i comunisti andarono indietro se pur non di molto, Dc e Psi restarono stabili e Pertini, con la sensibilità politica che aveva, dette l'incarico a Craxi. Così segnò un primo importante elemento in senso diverso dalla tradizionale egemonia democristiana sul governo. Il governo Craxi non si fece, per l'ostilità democristiana che disse chiaramente «no». A quel punto era «emergenza senza alternative»: occorreva un governo organico con la presenza nella maggioranza, e possibilmente anche nel governo, del Pci e nessuna pregiudiziale da parte democristiana.

Noi nel comitato centrale del gennaio 1980 ci rendemmo disponibili al governo organico, non ponevamo pregiudiziali e chiedevamo alla Dc di fare lo stesso. Il congresso della Dc del 1980 doveva sostanzialmente decidere dello sviluppo politico del Paese perché il congresso del Pci aveva riconfermato la solidarietà nazionale e quindi il governo dell'emergenza senza alternative. La relazione di Zaccagnini, segretario uscente, ribadiva il percorso della solidarietà organica, e aveva già definito politicamente l'elezione di Piccoli come segretario della continuità. A quel punto la sinistra democristiana, sapendo di determinare una crisi interna, rivendicò per sé la segreteria del partito. I dorotei, con grossi problemi di coesione, non accettarono questa soluzione e Piccoli venne eletto con la maggioranza del preambolo che interrompeva, a mio giudizio per sempre, ogni possibilità di un discorso dialettico e di collaborazione con il Partito comunista, e poneva al Partito socialista l'opportunità di ritornare a essere interlocutore di una soluzione di governo di centrosinistra. Così avvenne, con il mio passaggio in minoranza.

Berlinguer, che aveva seguito la fase precedente con grande realismo e senso tattico, sembra un paradosso ma è così, si trovò nei cosiddetti «quartieri d'inverno»: doveva cioè preparare per il Partito comunista una fase di opposizione forse lunga, comunque difficile, e la questione perse il suo significato anche perché nei due anni successivi il Partito comunista guidò offensive di massa contro il governo, contro le sue soluzioni, le sue ipotesi e quant'altro.

A mio avviso il Partito comunista finisce con le elezioni europee del 1984, poco dopo la morte di Berlinguer, quando raggiunge il più alto livello di consenso che abbia mai avuto, sorpassa la Dc e non sa dare a questo risultato uno sbocco politico successivo. È lì che il Pci, come noi lo conoscevamo, partito complesso, difficile, dialettico ma sempre concreto, sempre credibile nella sua posizione interna e internazionale anche difficile, diventa una cosa un po' diversa. Forse anche il Pci deve fare i conti con il cambiamento genetico che loro imputavano a noi socialisti.

Al congresso socialista di Verona nel 1984, Berlinguer fu fischiato. Dire che era comprensibile è sbagliato, però fu una reazione emotiva: Berlinguer ce ne aveva dette di tutti i colori nei giorni e nelle settimane precedenti, quindi l'isteria di un congresso si capisce. Io andai a stringergli la mano, non rinnegando le cose, ma per chiarire questi aspetti. Craxi, a mio avviso, sbagliò legittimando con il suo commento quei fischi – lo dico con grande affetto nei suoi confronti, come è noto. Venne fuori l'aspetto viscerale e l'umoralità di un Berlinguer che si esprimeva nei confronti di Craxi in maniera sprezzante e di Craxi che si esprimeva nei confronti di Berlinguer dando il suo avallo a una reazione emotiva di rifiuto e di rigetto. Sono cose che negli anni successivi vengono pagate nei fatti. Tenendo conto che dopo due mesi Berlinguer sarebbe morto a Padova, l'episodio è ancora più drammatico.

Nell'ultimo discorso a Padova ravviso un elemento tragico: non le parole precedenti, bensì il tentativo di continuare a parlare con la morte che incombe, di continuare a mantenere un rapporto con la gente, col popolo, con tanta forza. Questa è una delle cose che mi turba molto anche adesso, a distanza di anni, quando lo rivedo.

Ho diversi ricordi personali con Berlinguer, perché ho insegnato all'Università di Sassari, ero un frequentatore di Stintino ed ero uno degli utilizzatori della *Caterina Madre*, lo storico gozzo con il quale si andava a fare i bagni all'Asinara. È il ricordo di una persona timida, introversa, affettuosa, gentile, difficile nei suoi rapporti, ma con la quale non si poteva non subire – anche se io ho il pelo sullo stomaco – un fascino umano. Era anche un uomo a cui piaceva fare cose che magari non sapeva fare. Lui pensava di essere un grande velista, e quando ebbe un incidente nautico all'Elba, di cui si vergognava un po', gli mandammo un telegramma con una sola parola: «Bagnante». Mi dicono che l'abbia conservato come indice di ironia e di modestia, probabilmente. Era una bella figura.

10

Arnaldo Forlani

Visto dalla Dc

Ho conosciuto Berlinguer da segretario della Dc anche attraverso rapporti che sono rimasti un po' riservati. Allora c'era la possibilità di incontro e di dialogo senza teatralità. Ricordo un incontro in casa di Antonio Tatò. E così è iniziato un dialogo che periodicamente si è ripetuto e che era aperto, confidenziale, e permetteva di ragionare con serenità. Era un uomo molto scrupoloso e tutt'altro che freddo. Il fatto che fumasse in continuazione, cosa che a me dava un po' fastidio, e che interrompesse ogni tanto la conversazione perché veniva chiamato dalla redazione dell'«Unità», e si preoccupasse di titoli e palchetti del giornale, indicava quanto fosse incredibilmente scrupoloso, perché lui era il segretario riconosciuto e indiscusso del suo partito da diverso tempo. Era dunque in realtà anche emotivo e questo lo rendeva anche più simpatico, almeno per me. Sembrava cioè molto risoluto, e lo era, ma un po' diversamente da come appariva nei discorsi pubblici, nei comizi o negli interventi parlamentari.

In quegli anni eravamo convinti che il processo di evoluzione democratica del partito comunista, così lo definivamo, andasse avanti troppo lentamente e la nostra posizione era abbastanza rigida. La solidarietà nazionale era una scelta largamente condivisa nella Dc, e questa linea non può essere attribuita particolarmente a determinati gruppi e personaggi come spesso è avvenuto. Era passata in realtà al vaglio di consigli nazionali e congressi. L'idea che ci dovesse essere una corresponsabilità istituzionale estesa al Partito comunista, senza che questo comportasse una partecipazione al governo, era abbastanza condivisa.

Nel nostro congresso del 1980, anche quando era stato eletto segretario Flaminio Piccoli, non si passò in realtà a una posizione diversa pur rilanciando la formula del pentapartito. Il coinvolgimento degli altri partiti democratici nel governo in una posizione distinta rispetto al Partito comunista non escludeva per noi confronti e corresponsabilità istituzionale. Quindi anche la linea di Moro, alla quale si è attribuito in genere la maggiore coerenza nella ricerca di incontro con il Partito comunista, non era attribuibile a lui quasi in esclusiva. La convinzione diffusa, specie su gran parte della stampa, che fosse soprattutto Moro a proporre intese e comuni responsabilità anche di governo con il Partito comunista era abbastanza fuorviante. La sua posizione era anzi, come ho detto, particolarmente cauta e riflessiva in questa direzione. Non credo che Moro sia stato rapito per far saltare la solidarietà nazionale. Gli assassini perseguivano obiettivi di una generale instabilità. Sicuramente Moro, al centro della vicenda politica nazionale, occupava la posizione di maggiore evidenza ed era forse fra gli esponenti della Dc anche uno dei più vulnerabili per una certa sistematicità di comportamenti. Percorreva quasi sempre lo stesso tragitto e nelle stesse ore. Anche la scorta, pure attenta e di riconosciuto valore, prima vittima del mostruoso agguato, era probabilmente condizionata rispetto a modi abitudinari di vigilanza. Anche questo è stato detto, che forse era il bersaglio meno difficile, non so… non è facile su questo formulare ipotesi fondate. Penso però che quelli che hanno ideato e condotto l'attacco non avessero in realtà l'obiettivo di fermare una corresponsabilità nazionale comprensiva anche del Partito comunista. Credo piuttosto che si volesse soprattutto colpire la Democrazia cristiana nel suo uomo più rappresentativo.

A proposito dell'Amministrazione americana, realtà assai complessa e variegata, c'era sulla solidarietà nazionale un atteggiamento cauto e talora anche di diffidenza, come traspare da alcuni dialoghi con Kissinger, almeno per come sono stati riportati. So che con Moro lo aveva incontrato e conosco per certo i suoi giudizi tutt'altro che negativi. Li espresse a me in un lungo e franco incontro alle Nazioni Unite.

Sulle interferenze sulla politica italiana che in genere si attribuiscono alla Santa Sede posso dire che in realtà non ci sono state, almeno per come in genere vengono riportate. Posso dire che i pontificati di Paolo VI, Giovanni XXIII e Giovanni Paolo II si sono caratterizzati anche per un completo rispetto della nostra autonomia. Parlo di una condotta coerentemente segnata da un grande rispetto per l'autonoma responsabilità della politica. Questo in modo sempre più accentuato anche a partire dai tempi di Pio XII, i cui interventi orientativi per la politica e per i partiti si spiegano in ragione di situazioni altamente drammatiche e ai fini di una «scelta di civiltà», come la definiva Saragat, che valeva certo anche per la Chiesa.

Il fatto più importante nell'evoluzione del Partito comunista si verifica in sede parlamentare nel 1978 quando Natta, presidente del gruppo alla Camera, sottoscrive il documento che indica nell'Alleanza Atlantica e nella Comunità Europea i pilastri della politica italiana. Io ero ministro degli Esteri, quindi sono stato, diciamo così, anche tecnicamente coinvolto nella stesura del documento che avveniva nell'aula del Consiglio dei ministri a Montecitorio.

Natta telefonava di continuo a Berlinguer per sottoporgli anche le virgole del documento; così avvenne questa diversa assunzione di responsabilità per una comune linea politica. È vero, c'è stata anche l'affermazione di Berlinguer sul fatto di «sentirsi più sicuro» nell'Alleanza Atlantica, ma su questo c'erano state anche interpretazioni diverse. La firma comune al documento era stata approvata dai nostri gruppi parlamentari, ma chi mi manifestò le maggiori perplessità fu invece proprio Moro che se la prese in particolare con Andreotti. Siccome ero stato io a stendere con Natta il documento gli dissi che avevo le maggiori responsabilità e che mi sembrava assurdo non sottolineare in positivo l'avvenimento. Mi obiettò che da quel momento sarebbe stato assai più difficile contenere le pressioni comuniste per la partecipazione al governo. Posso dire dunque che per questo aspetto la posizione di Moro nella Dc era più cauta e riflessiva rispetto a quella di altri amici. Io stesso allora non ero favorevole a una diretta partecipazione al governo dei nostri avversari più forti e condividevo la linea di prevalente collegamento con gli alleati tradizionali. Come ho detto, la posizione di Moro era particolarmente cauta: corresponsabilità sul piano istituzionale e, ove l'evoluzione fosse intervenuta in modo certo e convincente, non escludere e anzi favorire la prospettiva di normali e democratiche alternanze di governo. La Dc doveva continuare ai fini del governo il collegamento con i partiti democratici tradizionali e con i socialisti. Il fatto che nel nostro congresso nazionale del 1980, il cosiddetto «Preambolo» preclusivo della partecipazione diretta dei comunisti al governo fosse attribuito soprattutto a Donat-Cattin indica che questa era anche la posizione di una parte consistente della nostra sinistra interna, dell'ala cioè più legata al mondo sindacale e in particolare alla Cisl. Si riaffermava cioè la preminenza strategica che aveva l'alleanza con i partiti democratici tradizionali e con il Partito socialista ormai in posizione dialettica e di duro confronto con quello comunista. Era la linea largamente condivisa, contrastata solo marginalmente dalla corrente della «Base», che tuttavia sul problema della diretta partecipazione comunista al governo non si differenziava molto dagli altri.

Detto questo, sottolineo però che l'attenzione della Dc alla evoluzione del Partito comunista è stata sempre forte. L'idea che un vero e sicuro consolidamento della democrazia in Italia sarebbe stato difficile senza una corresponsabilità piena delle forze più largamente rappresentative c'è sempre stata da De Gasperi in poi, direi in modo coerente. C'era però sempre la consapevolezza delle difficoltà e delle contraddizioni. Certo un ostacolo decisivo era anche quello della non accettazione chiara del collegamento occidentale. Ricordo una visita di Gorbačëv a Roma e un incontro all'Ambasciata sovietica. Uno di noi gli aveva chiesto: «Non ritiene che ci possa essere un'evoluzione nel quadro europeo che porti anche, con il vostro consenso, a una riunificazione della Germania?». Gorbačëv, accompagnato allora dal suo ministro degli Esteri Ševardnadze, era stato sempre molto cordiale, ed è persona molto educata, ma cambiò subito atteggiamento e rispose con improvvisa irritazione e freddezza: «Questo toglietevelo dalla testa». Pochi giorni dopo cadde il Muro di Berlino. Anche i nostri rapporti e confronti all'interno non possono evitare condizionamenti vari che non appaiono sempre in modo chiaro, ma intervengono ad accelerare o a contrastare equilibri e processi interni.

Tornando a Berlinguer, voglio dire che quando egli denunciava con la questione morale anche l'invadenza dei partiti sugli spazi autonomi della società e riproponeva con forza il problema della lotta alla corruzione e della severità dei costumi nei modi di governo e nell'amministrazione dello Stato, rivelava esigenze avvertite fortemente al nostro interno. Su questi temi la sua figura ha incontrato la più vasta corrispondenza di stima e penso che il nostro confronto su questo terreno avrebbe potuto portare convergenze solide e innovative piuttosto che più aspre contese. Purtroppo la sua morte è intervenuta quando nuove prospettive anche per questo aspetto potevano aprirsi. Al suo funerale anche la nostra partecipazione fu di profonda solidarietà e segnata da un sentimento di sincera e diffusa emozione. Dico semplicemente che era molto stimato all'interno della Democrazia cristiana; cosa tanto più significativa per il fatto che proprio nel quadro dell'evoluzione complessiva del Partito comunista della quale abbiamo parlato, egli fosse tutt'altro che malleabile e tenero con le opinioni diverse dalle sue. No, quando è morto non ho pensato che il suo partito fosse finito, anzi ho pensato che le possibilità di riflessione, di ricerca e di comprensione reciproca che si erano aperte per molti aspetti con lui avrebbero potuto in qualche modo svilupparsi e prendere un corso più spedito. Non so dire ora se questo sia poi realmente avvenuto.

11

Aldo Tortorella

La scomunica al contrario

Parlando di Berlinguer può apparire che la domanda più importante sia: come ha fatto a portare il suo partito al 34 per cento dei voti? Questa è una domanda rilevante, ma la più importante secondo me non è: «Come fa?» ma «Com'era? Com'era lui?». La funzione della personalità della storia spesso viene esasperata, esaltata, fino al punto in cui ci troviamo adesso in cui ci sono dei partiti di proprietà personale, solo in Italia perché altrove ci sono dei leader. Qui ci sono invece dei partiti, come quello di Berlusconi o quello di Grillo, che sono di proprietà personale. Quando invece c'erano dei leader e nessun padrone, contava molto la qualità morale della persona. Uno dei motivi per cui avviene quel salto in avanti non è soltanto politico, è morale. La questione che poi si chiamerà «questione morale» era riassunta innanzitutto nella persona di Berlinguer. Berlinguer è uno dei pochi leader che io abbia conosciuto, non soltanto lui naturalmente, ma uno dei pochi, che era come sembrava. Questa è una cosa fondamentale. Non c'era una distinzione fra il Berlinguer privato, come lo conoscevamo noi ma anche come lo conoscevano i suoi amici, e il Berlinguer pubblico. C'era un'impressione di autenticità e questa autenticità morale della persona si rifletteva nel suo modo di leggere la realtà nazionale, di leggere la realtà internazionale, la realtà politica. La strada che lui percorre in un primo tempo non si distingue molto da quella tradizionale del Partito comunista italiano. C'era il bisogno di unità nazionale per affrontare i problemi del Paese, quelli storici e quelli nuovi – dove per storici si intendeva la questione meridionale, la questione vaticana eccetera. Su quella strada – che era stata indicata già al tempo della Resistenza e al tempo dei primi governi subito dopo la liberazione del sud, cioè i governi di unità nazionale – Berlinguer prosegue e l'idea che lui mette in campo nel 1973 è quella del compromesso storico. Questa politica che egli esprimeva e che non era una novità per il suo partito, sebbene alcune accentuazioni saranno delle novità, era espressa da una persona determinata, che aveva caratteristiche di autenticità che rendevano credibile la sua predicazione politica. Ecco, questa è la prima questione che mi sento di dire. Questo è stato fatto poco, scoprire com'era la persona. Nel filmato che mostra la sua morte per un secondo, due secondi, tre secondi, si vede il Berlinguer più autentico che guarda con imbarazzo, come se volesse scusarsi di star male. Lì si vede una persona timida, disarmata. Tieni conto che io ero più giovane di lui ma io avevo nei suoi confronti una specie di sentimento paterno, sebbene sembri ridicolo a dirsi, perché era proprio così. Anche quella cosa che lui dice con orgoglio durante una sua intervista in televisione: «Non ho mai rinunciato agli ideali della mia giovinezza» può essere una frase fatta, detta da lui non lo era perché era proprio vero. L'autenticità dei sentimenti, dei buoni sentimenti, è importantissima nella politica, cosa che non andrebbe mai dimenticata.

La cosa che succede dopo le elezioni politiche del 1976 è che ci sono due vincitori. Il Pci raggiunge il 34 per cento, una cosa incredibile, ma la Democrazia cristiana il 38 per cento. Non c'era la possibilità quindi di formare un governo dato che il Partito socialista, che aveva avuto non una sconfitta ma certamente non un successo, pensò che non fosse giusto continuare con la politica di una sua propria esposizione da solo con la Democrazia cristiana. In realtà anche gli altri piccoli partiti di mezzo, repubblicani, liberali, socialdemocratici, si sentirono in imbarazzo perché erano stati sconfitti. La Democrazia cristiana era riuscita in qualche modo a risollevarsi un po', non il Partito socialista. Cominciava quindi a diventare indispensabile la collaborazione con i comunisti. Però contemporaneamente, e questo fatto spesso viene dimenticato, una settimana dopo le elezioni, essendo già indetto da tempo, si riunisce a Portorico il G7. Moro, allora presidente del Consiglio, presidente di transizione poiché si aspettava la formazione delle Camere e il nuovo governo, va a Portorico dove c'erano Ford, Schmidt, Giscard d'Estaing e Callaghan, e questi quattro, su iniziativa di Schmidt – e cioè francesi, inglesi, tedeschi e americani – si riuniscono a parte e dicono che i comunisti non devono andare al governo, pena perdite di privilegi economici. Questa cosa viene poi resa pubblica da Schimdt. E questo spiega i cenni che Moro fa nelle lettere dal carcere e dimostra tra l'altro il coraggio che ha avuto nel fare quello che ha fatto. Viene allora compiuta un'operazione che non si era mai vista al mondo, il cosiddetto governo delle astensioni, cioè il 50 per cento del Parlamento che consente alla Democrazia cristiana che aveva il 38 per cento di governare da sola perché si astengono i comunisti, i socialisti, i repubblicani, i liberali e i socialdemocratici. È una situazione del tutto assurda, molto italiana, incomprensibile anche naturalmente agli elettori. D'altra parte, quando nella direzione del partito si discusse di questa questione, tutti eravamo consapevoli che le conseguenze sarebbero state molto gravi dal punto di vista dell'opinione pubblica. Erano, le condizioni di allora, quelle di uno stato di necessità assoluta, come si dice oggi, perché gli altri partiti si rifiutavano di andare al governo con la Democrazia cristiana e di rifare un centrosinistra. Il Partito socialista innanzitutto diceva sostanzialmente che con questa storia del centrosinistra i comunisti guadagnavano un mucchio di voti mentre loro li perdevano: «Dovete prendervi le vostre responsabilità». Nello stesso tempo non si poteva fare neanche la maggioranza politica con i comunisti per questo veto internazionale che era molto cogente. Tra l'altro non dimentichiamoci che siamo in un momento in cui c'è la crisi economica, cominciata nel 1971 e poi sviluppatasi successivamente. Nel 1971 gli americani la fanno finita con il tallone aureo, con Bretton Woods e passano al regime dei cambi mobili, il che naturalmente è un problema. Il problema vero poi è stato la guerra in Medio Oriente per iniziativa dell'Egitto e della Siria di attaccare Israele. Sono rapidamente sconfitti, ma succede contemporaneamente che gli Stati petroliferi vanno prendendo coscienza che hanno seguito una politica commerciale per loro catastrofica, quella della concorrenza e quindi dei prezzi a ribasso. La congiuntura della guerra, la presa di coscienza dei Paesi petroliferi che costituiscono l'Opec, l'organizzazione dei Paesi produttori di petrolio, fa salire il prezzo del petrolio e questo contribuisce a determinare una crisi profonda. Il problema poi è anche il cambio del dollaro, perché il dollaro continua a essere moneta di riserva ma staccato dall'oro il suo valore diminuisce. Bisogna incamerare tutti questi pezzi di carta, per questo la Francia di De Gaulle si era ribellata. Data la crisi in qualche modo bisognava fare un governo e l'unico che si riesce a comporre è il monocolore democristiano sostenuto dall'astensione. Fu un espediente moroteo ma non solo moroteo, perché non si sapeva cos'altro fare. Quindi la direzione del partito approva. Forse ci fu qualche voce di contrasto, anzi, non tanto di contrasto bensì di dubbio che qualcuno avanzò e si approvò ovviamente all'unanimità.

La delusione tra i giovani fu terribile. Naturalmente c'era già dentro la nuova generazione qualche cosa che il Partito comunista non aveva capito perfettamente perché il Sessantotto e il successivo Sessantanove che è solo italiano, cioè le grandi lotte operaie, era stato letto come un momento di ribellione giovanile anche alla condizione universitaria perché c'era di mezzo anche questo, la rivolta contro i baroni della cattedra, eccetera. Ma le nuove generazioni che entravano in quel momento nella vita politica lo leggono in modo completamente diverso. Per molti di loro era l'inizio di un cambiamento di sistema, come si diceva allora, era l'inizio di una rivoluzione anticapitalistica. Si rassegnano a votare per il Pci perché era quello che era rimasto in campo e anche perché i gruppi che intanto venivano sorgendo come gruppi politici non erano credibili, ma la delusione è terribile perché tu dai tutti questi voti e ti vedi poi un governo Andreotti, un governo di unità democristiana perché metà della Dc era estremamente conservatrice e riteneva che questa fosse un'avventura in cui li trascinavano Moro e Zaccagnini ma non aveva fondamenta. E dunque non voleva accettare neanche l'astensione. Questa è la spiegazione politica del distacco delle nuove generazioni. Se si vuole una spiegazione più di fondo, il problema è che si era venuta determinando una distanza tra la politica intesa come politica parlamentare e i bisogni anche ideali, morali, delle generazioni che venivano avanti che vedevano queste figure già allora imbalsamate, sentivano e vedevano che la loro stessa condizione aveva qualcosa di profondamente sbagliato. Per questo nascono tutte queste tendenze. Già c'era stata con Togliatti qualche premessa di questo, la famosa assemblea dell'università di

Pisa in cui Togliatti venne contestato. C'erano già state delle premesse, si diceva: «Avete tradito la resistenza rossa». La resistenza in realtà non era tutta rossa, intanto aveva potuto esserci in quanto avevamo fatto l'unità anche con i monarchici. Insomma, già c'era prima questo sentimento di critica al Pci poi si è venuto esasperando perché il blocco della democrazia era disastroso.

C'è un bel libro di Adriano Guerra che si intitola *La solitudine di Berlinguer*. Ma il fatto è piuttosto che negli ultimi tempi egli era in minoranza. Un gruppo di noi era con Berlinguer ma non era la maggioranza della direzione, come i fatti poi dimostreranno, non era la maggioranza neanche del comitato centrale. Forse era una maggioranza del partito intesa in senso largo. Il rispetto verso di lui era grande anche da parte di molti che non condividevano la sua linea. Non è tanto vero che Berlinguer ci metteva di fronte al fatto compiuto. Lui leggeva la realtà. Per esempio nei confronti dell'Unione Sovietica il sentimento critico era profondamente comune in quel partito, meno alcune persone anche autorevoli. E questo sentimento maturato nella generazione della resistenza cui appartenevano alcuni di noi e Berlinguer era anche in parte del partito perché fin dal 1947-1948, siccome tutte le volte che c'erano le elezioni dalla parte del mondo sovietico succedevano delle cose spaventose che naturalmente deprimevano gli animi, c'era già popolarmente, pur nel mito dell'Unione Sovietica, un sentimento di fastidio. Lui quindi legge queste cose e, anche per evitare imbarazzi, sceglie la strada che però sa che è una strada difficile. Si pensi alla questione della dichiarazione sulla Nato del 1976, era meglio stare di qua che di là. Ecco, nella direzione del partito non c'è una sola obiezione. Forse Pietro Ingrao accenna dicendo qualcosa come «Potevamo essere più prudenti», ma non vota contro. Ecco, c'era una discussione, una dichiarazione che corrispondeva a un sentimento profondo perché in molti di noi c'era la consapevolezza che stare dall'altra parte non era pensabile se ci fosse stata l'influenza sovietica che ci combatteva. Macaluso ha raccontato l'episodio della Bulgaria e che Berlinguer pensava, fondatamente, a un attentato. Il momento in cui lui ha messo la direzione del partito non di fronte al fatto compiuto ma di fronte a una scelta che non veniva condivisa è stato quando decise insieme con Chiaromonte e altri di noi, che l'esperienza della solidarietà nazionale andasse interrotta. Però in quel caso non è del tutto esatto che lui va ad Avellino dove c'era stato il terremoto e proclama l'alternativa. C'era stata una riunione della direzione quasi un anno prima in cui si era votato e si era visto che buona parte della direzione non era d'accordo. Come Natta spiega nelle sue memorie, è la prima volta in cui si vota e la direzione si divide: una parte di destra, per usare un linguaggio sbagliato, più attaccata all'idea che in quel modo si sarebbe persa la capacità di governo che si stava iniziando ad acquistare, un'altra parte più di sinistra che vedeva in quello la felicità di tornare all'opposizione e una parte di centristi cui appartenevo anch'io, che pensava fosse giusto naturalmente con cautele. In realtà non era più possibile perché la Democrazia Cristiana era cambiata profondamente. La scelta del compromesso storico in che cosa si differenzia dalla tradizionale scelta del vecchio Partito comunista? Nell'aggettivo, non nel sostantivo. Nell'aggettivo «storico». Il nostro presidente, uomo molto leale, nell'intervista che ha fatto recentemente a Scalfari, ha detto che c'era qualche ridondanza nella concezione di Berlinguer perché quello era un compromesso politico che serviva per sistemare i conti dello Stato e per evitare peggiori conseguenze al paese, essendoci anche il terrorismo in atto. Era quindi una scelta politica invece Berlinguer, sottolineavano i critici, la caricava di obiettivi in parte impropri, cioè addirittura pensava che si potessero conquistare elementi di socialismo. Perciò questa scelta del compromesso con questa aggiunta «storico» non piaceva a molti, neanche a compagni vicinissimi a Berlinguer, come Paolo Bufalini.

E Longo non era d'accordo sul compromesso, non solo sul compromesso storico. Quando si decide di rompere il governo, prima nella segreteria e poi finalmente nella direzione, Longo si abbraccia dopo anni con Berlinguer e fa un intervento in cui dice che finalmente si tornava sulla strada giusta. Longo veniva dal 6° Congresso della Terza Internazionale, quello della svolta contro i socialdemocratici, però aveva poi partecipato al 7° Congresso che sancisce la politica dei fronti popolari vedendo i tragici fallimenti in Germania. È di Longo l'idea del fronte popolare che fu sconfitto nel 1948, è Longo che scrive durante la resistenza che sarebbe stata necessaria l'unificazione del movimento socialista italiano, ed è sempre lui che si batte per Saragat presidente della Repubblica. La via di Longo era quella dell'alleanza a sinistra. Questa storia del compromesso con la Democrazia cristiana non gli andava, mentre ad altri compagni non andava lo storico. Con Longo io avevo un rapporto quasi filiale, ma non politico fino in fondo. Longo è stato abbastanza solo nel contrastare l'idea del compromesso con la Democrazia cristiana. Altri compagni erano contro lo storico, come dicevo, perché sembrava che fosse fatto *pour épater les camarades*, per trascinare i compagni, invece in Berlinguer non c'era nessun infingimento. Lui credeva profondamente in qualche cosa che aveva una vena di utopia, nel fatto che con la democrazia e nella democrazia si potessero piano piano modificare – cosa che si è rivelata almeno per il momento impossibile – i meccanismi del funzionamento dell'economia anche perché era consapevole che questi meccanismi erano fragili. Questa è l'elaborazione che è andata avanti fino a quando lui è morto. Non ha potuto compierla, non abbiamo potuto compierla. Natta non era dell'idea che si potesse andare avanti su questa strada, mentre alcuni di noi pensavano che si poteva forse continuare. C'era in tutto questo un elemento utopico e c'era anche un nostro errore: dire che fossero ancora viventi gli Stati nazione mentre gli Stati nazione e le loro scelte oramai dipendevano da altri posti, da altri luoghi.

Se mi si chiede se l'idea di alternanza fosse più in Moro che in Berlinguer, debbo ricordare che Berlinguer dopo il passo che prima ho spiegato, quello di sciogliere il governo di solidarietà nazionale, compie un altro gesto, quello che sorprese la direzione; e cioè la decisione di prendere la strada dell'alternativa democratica. Il mio parere è che essendo morto Moro che voleva fare quel cammino verso l'alternanza ed essendo ritornata la Democrazia cristiana, anche per le influenze internazionali con Forlani e con il suo preambolo e con l'adesione del Partito socialista al preambolo alla discriminazione contro i comunisti, il ragionamento di Berlinguer è quello che sia necessario anticipare ciò che si sarebbe desiderato fare domani perché i comunisti erano pienamente legittimati, ormai avevano fatto un'esperienza di governo, avevano già pagato…

Qualcuno si domanda se avevamo paura di un golpe. Rispondo di no. Si intuiva che il terrorismo, che era già cominciato, non poteva avvenire senza una distrazione dei servizi. Lo si intuiva chiaramente perché qualsiasi persona sa benissimo che quando si costituiscono questi gruppi eversivi sono tutti infiltrati. Io ho fatto parte del Comitato dei servizi e tante cose non posso dirle. Una cosa posso dire perché oramai i protagonisti sono morti: Baget Bozzo, quando cadde il governo Tambroni, siccome lui era diventato tambroniano, fonda insieme con altri, anche loro scomparsi, un'organizzazione che si chiamava «il gruppo dei 5». Era un'organizzazione di democristiani i quali dicevano che si era ceduto ai comunisti e quindi bisognava vigilare. Comunque i nostri servizi, quelli interni, erano così occhiuti che immediatamente sono stati infiltrati. E ci sono tutti i rapporti di quello che faceva questo gruppo dei 5. Che questa distrazione fosse in atto era preoccupante perché, come si è saputo poi con Stay Behind, non c'era un'autonomia dei servizi italiani. Avevamo perso la guerra. Prima c'era stato il patrocinio dell'Intelligence Service, anche con dei nostri amici e conoscenti, un'organizzazione del blocco antifascista quindi era logico che vigilasse anche sui servizi italiani in cui erano stati riammessi quelli di Salò. Non bisogna dimenticare che il capo della regione settentrionale dei carabinieri nel famoso tentativo di golpe De Lorenzo era stato il capo dei servizi segreti di Salò, un generale dei carabinieri, poi morto. Quindi erano stati riammessi tutti questi elementi e il patrocinio internazionale dei servizi era chiarissimo. Ci furono tante polemiche in quel tempo anche sulla questione dei servizi deviati, e questo portava anche a pensare che ci potesse essere qualcosa di più grave.

Il mio rapporto con Berlinguer è diventato molto stretto dopo la rottura della solidarietà nazionale e quindi, nel discutere di queste cose... Io ero diventato, con Ugo Pecchioli, il coordinatore politico della segreteria e Berlinguer accennò in più occasioni anche al suo rapporto con l'altra parte. È poco noto ciò che ha rivelato Cervetti che allora era il segretario di organizzazione e anche amministratore del partito. Questo compagno ha pubblicato un libro in cui rese noto, già molti anni fa, dopo che il Partito comunista era stato sciolto, che il primo gesto che fa Berlinguer, dopo il congresso del 1975, è quello di ordinare a questo compagno divenuto amministratore del partito di rompere tutti i rapporti finanziari con l'Unione Sovietica. Quindi la prima cosa che fece fu interrompere questo finanziamento che era ignoto, non solo al comitato centrale e alla direzione, ma anche alla segreteria perché era un avanzo storico dei tempi della clandestinità, addirittura dei tempi dell'Internazionale. Già questo mette, più di ogni altra dichiarazione, i sovietici in allarme – e loro poi sposteranno questo finanziamento a una corrente del Pci. Le cose iniziano a diventare più esplicite quando c'è lo strappo nel 1980 e si costituisce quasi ufficialmente una corrente con materiale propagandistico, presenza nelle sezioni, eccetera, finanziata con questi denari che vengono dirottati, cosa gravissima che non va mai dimenticata. Quindi non si trattava di una divergenza politica, si trattava di una inimicizia profondissima, aggravata dalla questione dell'eurocomunismo perché a tutto potevano rinunciare i sovietici finché si trattava, secondo la loro mentalità, di qualche espediente tattico. Togliatti in questo era stato bravissimo anche perché ai tempi di Togliatti l'Unione Sovietica aveva ben altra influenza, nel mondo e in Italia, fra le masse popolari italiane. La via italiana al socialismo aveva questo di equivoco che Berlinguer spezza, cioè poteva essere considerata come una via universale di cui i sovietici avrebbero avuto l'esclusiva. Questa inimicizia fu aggravata dalla questione dell'eurocomunismo. Già Togliatti era stato oggetto di durissime critiche da quella parte perché dopo il 1956 aveva parlato del policentrismo e allora i sovietici entrarono in allarme. Ci doveva essere un centro solo, quello del Pcus. Togliatti dopo qualche anno morirà ma, insomma, fu prudente. Mentre Berlinguer li sfidò apertamente. La sfida vera è quando lui va là e dice: «La democrazia è un valore universale». La scomunica al contrario. Invece di accettare che i comunisti italiani venissero scomunicati è lui che scomunica loro dicendo in sostanza che i sovietici sono fuori da questo valore universale. Questa inimicizia quindi era così profonda e siccome se ne parlava tra di noi, lui accennò anche a me questo fatto. Era stato organizzato non solo contro di lui, ma anche contro Pajetta, il medesimo cosiddetto «incidente». Non in Bulgaria ma in Polonia, un camion sbucò da una strada laterale e investì in pieno la macchina di Pajetta. Morì al suo fianco il corrispondente dell'Unità Achille Finzi. Pajetta si salvò per miracolo ma ebbe conseguenze pesanti dal punto di vista fisico, fu ferito alla testa e si ruppe le costole. Pajetta, si ricordi, era la punta di diamante nelle polemiche internazionali di quel tempo, anche se veniva dalla vecchia tradizione.

È comune la domanda del perché Berlinguer non avesse rotto prima con l'Unione Sovietica. C'è una questione di cui posso essere testimone ma che peraltro risulta anche dai suoi scritti e dai suoi discorsi pubblici. A un certo punto mi disse in quegli anni: «Mi chiedono di buttare tutto a mare e di dire che abbiamo sempre sbagliato tutto. Io non mi sento di fare questo». Lui riteneva che i comunisti democratici italiani non avessero niente a che spartire con quegli altri. Ecco perché mi aveva accennato a questi incidenti di lui e di Pajetta. Il suo convincimento era che noi eravamo stati oggetto di attacchi furibondi agli attentati. Certo, c'era il bisogno di portare tutto il partito, ma non si trattava solo di questo. Ci fu un'illusione non solo sua, anche mia e di tanti altri che magari adesso non lo riconoscono più, l'illusione che in realtà noi potessimo avere un ruolo molto più grande e non soltanto nazionale. Gorbačëv e altri di quel partito avevano una nomea tra i loro avversari di essere «italiani», come se ci fosse una frazione italiana nel Pcus. L'idea era anche quella, un po' ingenua, rivelatasi illusoria, di aiutare anche là la trasformazione in senso democratico. Berlinguer non ha potuto vedere Gorbačëv in azione perché è morto prima, ma il fatto di essere arrivati fino al tentativo di Gorbačëv, diceva che questa era un'illusione però non totalmente infondata. Questa era la vera ambizione in un uomo come Berlinguer. Per tutta la vita la sua specializzazione anche in Parlamento era stata la politica internazionale. La nuova generazione di dirigenti comunisti viene fuori nel momento della crisi finale dell'Urss e quindi ha un diverso bisogno di cambiamento. Come poi è stato fatto questo cambiamento è un altro discorso, ma un bisogno di cambiamento era evidente. Questo bisogno di cambiamento era avvertito da Berlinguer in modo quasi drammatico perché la spezzatura di quello che si chiamava «internazionalismo proletario» nei tempi antichi, di questo legame, di questa fratellanza, arrivati a quel punto, dopo il 1980, questa spezzatura era ormai definitiva e obbligava ad avere una nuova piattaforma perché eravamo soli. La stessa faccenda dell'eurocomunismo aveva provato a Berlinguer la solitudine assoluta, perché i francesi se la filano e gli spagnoli si spaccano in più pezzi ma anche loro se la filano. Non parliamo poi di altri partiti che non erano mai stati presi in considerazione. Si pensi ai tedeschi occidentali, semiclandestini. Questa solitudine assoluta gli dice che bisogna andare avanti nella ricostruzione di un programma politico e anche di una idealità. Questi ultimi anni sono fatti di un'attività molto frenetica per certi aspetti. Il femminismo della differenza, che all'origine Berlinguer non sapeva bene che cos'era perché era fermo all'emancipazionismo, il pacifismo in quanto tale, l'ecologismo, la questione morale. Perché irrita la parola «questione morale»? Perché la parola «questione» nel gergo dei vecchi compagni si applicava a cose ben note, «strutturali». E invece è determinante in politica la questione morale. Non c'è politica senza fondamento etico, non esiste. Non è vero che Machiavelli è quell'imparaticcio che si dice. C'è un'etica dello stato in Machiavelli che Gramsci mette in valore. Nella stanza di Berlinguer c'era solo il ritratto di Gramsci alla fine. La questione morale quindi come questione politica, come fondamento della politica e come questione politica di occupazione dello Stato, anche perché lui lo vedeva in noi stessi.

Fino a che punto poteva arrivare l'innovazione di Berlinguer?
Conoscendolo e sapendo che era di una sincerità assoluta non so dove sarebbe potuto arrivare, ma tenendo conto, a mio parere, che lui anteponeva la difesa della tradizione, cioè la cosa che anche a Mitterrand aveva interessato molto quando aveva ricostruito il Partito socialista, il fatto di riprendere una tradizione, di reinventarla, di rinnovarla, anche per riguardo a una comunità umana. Si trattava quindi di portare tutto il partito, di influire su quegli altri per tutto quello che era possibile in modo da incoraggiare questa evoluzione, ma si trattava anche di cambiare, e in questo forse c'era un elemento di illusione in lui, in me e in altri, però il suo bisogno era quello di cambiare tutto quello che si poteva e si doveva cambiare a partire dalle fondamenta. Per esempio, da questo pilastro della rifondazione etica e non solo per ciò che riguarda gli altri partiti come si dice comunemente. Bisogna leggere i suoi discorsi, non solo le interviste di Berlinguer, in cui parla del partito, del suo partito e se la prende con tante cose che non funzionano: si vede in trasparenza che la questione morale si applicava anche al proprio partito e riguardava anche come deve essere costituito un tessuto connettivo nuovo perché un tessuto connettivo si era venuto dilacerando.

Ma se tale era il bisogno di rinnovamento, ci si può chiedere come fu possibile arrivare al voto favorevole anche al secondo governo Andreotti. Quando nel 1978 fu fatto il governo con una maggioranza, comprensiva del Pci, quel partito, accusato di non essere democratico, alla vigilia aveva riunito tutti i comitati regionali. Queste riunioni erano state indette per discutere il programma che era stato concordato. Mentre erano in corso queste riunioni viene comunicata la formazione del governo. Era un altro governo di concentrazione democristiana, imbottito di uomini della destra. Quella notte quando io sono tornato dalla Puglia, sentii Natta che era stato credo in Lombardia o in un'altra regione settentrionale. La sua impressione, come la mia, è che il partito, nei suoi quadri dirigenti, fosse contrario. Era in forse il voto. Soltanto che poche ore dopo, al mattino, viene rapito Moro e quindi si fa quella procedura d'urgenza. Ci fu una riunione della Direzione improvvisata, perché si sarebbe dovuta tenere a Botteghe Oscure invece si tenne alla Camera, e Berlinguer manifestò dei dubbi dicendo: «Ormai non c'è più niente da fare, non è più il momento dei dubbi, qui è in gioco il destino della democrazia». Lì si levò la voce di un timido Tortorella che disse – ma questo non metterlo, lo faccio per tua edificazione – «teniamo conto che c'è di mezzo, oltre alla politica, la vita di una persona». Naturalmente non ero contro la linea che immediatamente fu assunta della fermezza però, insomma, mi permisi di ricordare, cosa che poi mi fu perdonata, intendiamoci.

Sì, certo, è vero che Berlinguer andò in minoranza per colpa mia. Egli mi propose per la segreteria e la proposta non passò. Credo di non essere stato tanto gradito a parecchi. A quelli filosovietici. In più il mio linguaggio era criptico, adesso lo posso dire scherzando, ero specializzato in una sorta di linguaggio curiale, non si violava il convincimento comune ma gli esperti capivano che pensavi diversamente.

Ero molto legato all'idea che veniva intanto avanti, di una trasformazione delle fondamenta. Ad esempio il femminismo della differenza: adesso c'è già un'evoluzione ulteriore ma allora veniva considerato come un errore imperdonabile. La questione del pacifismo, la conversione sui movimenti di Berlinguer, l'etica nella politica. Per molti compagni legati a una loro concezione della tradizione, tutte queste cose erano discostamenti dalla linea classica e c'era il timore che si potesse addirittura cadere nel minoritarismo. L'unico applauso che ho avuto nel comitato centrale, che non applaudiva mai, è stato quando essendo allora responsabile della sezione sui problemi dello Stato ho difeso a spada tratta la democrazia rappresentativa contro idee, la sopravvalutazione che anche oggi viene avanti, della democrazia diretta, perché ricordavo la lezione della Luxemburg sullo scioglimento della costituente da parte di Lenin.

Quando Berlinguer andò a Padova c'erano le elezioni europee. Si dice che il suo più grande risultato sia stato nel 1976 invece il suo più grande risultato, non nostro, fu alle elezioni europee del 1984, perché fu l'unica volta che superammo la Dc. C'era stata una riunione della Direzione del partito, io non ho mai visto i verbali ma credo che li abbia visti Barbagallo che ha curato un importante libro su Berlinguer. Gliel'ho chiesto e mi pare che non ci fosse questo dettaglio perché i verbalisti sono verbalisti. C'era in quel tempo una discussione molto seria con Giorgio. Non fu conclusa l'ultima riunione della Direzione perché Berlinguer disse in sostanza: «Va bene, ho capito, questa discussione deve essere riaperta», come per dire «riguarda anche la mia Direzione. Adesso andiamo a fare le elezioni, ne riparleremo dopo». Dopo non se n'è più parlato perché morì. Quella riunione, come altre, già palesava il fatto che molti compagni ritenevano che l'ultimo Berlinguer fosse uscito dal seminato, pur sempre con onestà. Una parte del gruppo dirigente pensava che quella strada portasse all'isolamento e la paura dell'isolamento veniva da lontano, da una lunga tradizione. Anche io ho cercato di evitare, per quello che mi riguardava, l'isolamento ricordando la funzione degli intellettuali di massa con il convegno del 1977. Ma nel 1977 Berlinguer concluse soltanto con l'austerità. Nel 1981 però facemmo un comitato centrale in cui finalmente fu sancito che la forza motrice non era più soltanto la rispettabilissima classe operaia, ma gli intellettuali di massa che emergevano nella società, i tecnici di officina, i professori eccetera... E che non bisognava pensare solo ai grandi intellettuali. Quindi non c'era né una trama né una richiesta di dimissioni ma c'era certamente una critica forte, molto forte, per il timore di quella che si è chiamata generalmente ancora adesso, secondo me ingiustamente, si chiama la orgogliosa chiusura nella diversità comunista. In realtà Berlinguer vedeva questa diversità soltanto nel fatto che bisognava essere onesti. Come disse «virtù semplici della gente comune», «la sincerità nel dire i propri programmi». Comunque il timore era questo, che ci fosse un restringimento e che ci fosse quindi anche un rigurgito settario.

Alla Fiat non credo che Berlinguer abbia sbagliato perché cominciava a venir meno un rapporto, che per noi era fondamentale, con la parte più emarginata e più sfruttata della società. Non dimentichiamo che allora non era come adesso, parliamo degli anni Ottanta, la gente aveva un rapporto di lavoro stabile, non c'era ancora la massa dei precari, è Treu che fa la legge sul precariato, molto tempo dopo. Allora gli operai erano operai. Si trattava quindi di un licenziamento di massa e la sua fu una iniziativa di carattere simbolico che ricucì in effetti un rapporto, perché, non dimentichiamoci, che c'era stato l'episodio, quello di Forattini, episodio per lui veramente orribile, quello della vignetta di lui con le pantofole mentre passavano i metallurgici e lui se ne fregava. Purtroppo però quella vignetta, come spesso sono le note satiriche, cattive o non cattive che siano, esprimeva un sentimento diffuso. In lui c'era il bisogno di ricucire un rapporto che si era andato sfrangiando proprio con la solidarietà nazionale perché il primo provvedimento che prese quel governo riguardò un blocco delle liquidazioni.

È vero, ci trovammo a difendere una lotta sbagliata. Tuttavia, la sua intenzione era quell'altra, non tanto di difendere quella lotta, bensì di dimostrare una solidarietà anche in una cosa un po' rischiosa e un po' ai limiti che però la federazione di Torino non aveva sconfessato, anzi appoggiava.

Se mi si chiede di un suo momento difficile, è stato ai tempi del suo discorso di Genova, siamo verso la fine. Fu quando mi disse che non voleva buttare tutto a mare. Avvertiva che le critiche erano forti. Gli dicevo con quel mio fare talora un po' scherzoso: «Ma che te ne importa? Lascia perdere». Berlinguer, mentre voleva cambiare moltissimo, non voleva però rompere la comunità. Invece, se mi si chiede un ricordo personale di Berlinguer, dirò quello che per me è indimenticabile. Ero responsabile della sezione culturale, Bertolucci aveva fatto il film *Novecento*, parte prima e parte seconda, e io dissi: «Sai, questo è un film che dobbiamo andare a vedere, poi Bertolucci ci tiene». Lo portai così a vedere la parte prima. Poi uscì la parte seconda e io sapevo che c'erano delle scene di sesso, le avevo anche viste, non so come. Allora non lo portai a vedere la parte seconda. Lui qualche giorno dopo, con aria furbesca, un po' da ragazzo, da bambino quasi, con un'espressione un po' infantile, rischio di commuovermi, mi disse: «Ah, non mi hai portato a vedere la parte seconda?! Cosa credi? Che io certe cose non le sappia?».

L'ultima volta che ho parlato con lui è stata in occasione di quella Direzione perché poi lui è andato prima a Genova, poi da Genova è andato a Padova. E lì c'era quel sorriso finale di cui ho già detto all'inizio. Era molto disarmato, non è che quest'istinto protettivo io ce l'avessi nei confronti dei giovani emergenti, sapendoli ben attrezzati, ma nei suoi confronti sì. Era fermo, intelligente, era anche forte nelle scelte, nelle decisioni, quando si convinceva di una cosa, essendo tra l'altro sardo, era difficile scuoterlo, anche insinuargli un dubbio. Però invece aveva quest'elemento che ti dava l'impressione di uno che potesse essere ferito molto facilmente e forse lo era anche stato.

Il Pci finisce in piazza San Giovanni? Da una parte sì, dall'altra parte poteva cambiare ma senza di lui, come? Noi nominammo un segretario di transizione e la speranza era che i nuovi dirigenti, insieme ad Achille, cambiassero in un modo che andasse su quella strada, ma forse non era possibile. Che finisse proprio del tutto non lo so perché c'erano tutte le premesse, certo era un'impresa molto complicata. C'era bisogno di tenerci tutti insieme. Io proposi infatti, cosa che scandalizzò moltissimo, che anziché il Congresso si tenesse l'Assemblea nazionale.

12

Sergio Segre

La stagione dell'eurocomunismo

Ho conosciuto Berlinguer quando già lavoravo al partito e all'«Unità». Anche quando si occupava di altro, si è sempre interessato dei fatti internazionali. Tra di noi è stata una simpatia naturale perché si sono incontrate, nel mio piccolo, due timidezze che hanno collimato e camminato bene assieme. Umanamente era un tipo straordinario, di una modestia incredibile. Solo per il calcio era fanatico, per il calcio non ragionava, quando giocava il Cagliari, ed era appassionato di tutti gli sport.

Ho potuto accompagnarlo nel percorso che lo ha portato via via a prendere le distanze dall'Unione Sovietica. C'è stata una serie di incontri, da una parte con esponenti di partiti comunisti o ex comunisti e dall'altra con Willy Brandt, con l'Spd, con il Partito socialista francese e così via. Era un uomo molto diverso quando parlava con gli uni e con gli altri. Con quelli dell'Est si rinchiudeva in se stesso, lo si vedeva proprio azionare il freno a mano, sembrava una Ferrari che si blocca all'improvviso, e con gli altri invece no, perché vi riconosceva una carica umana. Quello con cui la trovava maggiormente era il tedesco orientale Erich Honecker, con cui aveva lavorato alla Federazione Mondiale della Gioventù Democratica e che era un tipo stranissimo. Per esempio, durante l'ultimo incontro a Berlino, Honecker ha detto a Berlinguer: «Guarda, io vorrei parlarti testa a testa». Allora siamo andati in una villa di caccia, che sembrava più una stamberga da quattro soldi... fu una cosa incredibile. Andai anch'io perché Honecker aveva detto: «Non voglio avere interpreti miei, Segre parla il tedesco, traduce lui». Siamo rimasti là per ore, quasi tutta la notte, e Honecker ha fatto un quadro drammatico dell'Est europeo che stava crollando – lui che veniva raffigurato come un conservatore, in realtà non lo era.

Anche con Brandt Berlinguer si trovava bene, era pieno di carica umana, di gioia di vivere. Quando era a Roma passava da un albergo all'altro per le sue tante avventure. Essendo cancelliere, magari lo cercavano di notte per affari di Stato e non lo trovavano in albergo, era andato a finire chi sa dove. Brandt ha influenzato molto Berlinguer, quando gli ha detto: «Voi contate e avete un peso crescente se siete in quel mondo lì. Se ne uscite non c'è più nessuno che vi guarda, non contate più niente». Questo era un discorso che aveva una sua logica abbastanza stringente e Berlinguer era piuttosto convinto di questa realtà. Finché siamo lì dentro, mi si passi l'espressione, rompiamo le scatole e va tutto bene, mentre se ne usciamo al di fuori... credo sia per questo che Berlinguer non ruppe in modo ancora più esplicito con l'Unione Sovietica.

Mi ricordo qualche riunione con il Pcus in cui ci furono scontri, ma sempre attutiti da un linguaggio diplomatico, di insincerità, perché nessuno era sincero da entrambe le parti. Non erano sinceri i sovietici e non era sincero Berlinguer, ognuno si teneva sulle sue perché si sapeva che c'erano gli stenografi e tutti gli altri... Ho spesso avuto la sensazione che il Pcus facesse la guerra a Berlinguer e il suo timore era che conducessero questa guerra sino a una scissione del partito. Se devo fare un rilievo critico a Berlinguer è proprio questo: lui è stato molto coraggioso nel prefigurare un nuovo scenario internazionale e una nuova posizione del Pci in questo mondo diverso, però non aveva attrezzato il partito a una svolta di questo genere e forse nemmeno si rendeva conto che il partito era su posizioni molto più arretrate, molto più conservatrici. Quindi c'era una dicotomia tra l'apertura internazionale e l'essere frenato sul piano interno, dove non ha fatto grandi aperture nella sua segreteria. Questi due aspetti arrivavano a collidere e di qui derivava il suo timore che altri potessero metterci la leva.

Nel Pci c'erano senz'altro infiltrati dei sovietici e soprattutto c'erano parecchi italiani che si consideravano sovietici, quindi le due cose si combinavano. Certo è che si respirava un'aria abbastanza mefitica. Per esempio, quando Berlinguer disse che si stava meglio sotto l'ombrello della Nato piuttosto che sotto l'ombrello del Patto di Varsavia, nel partito ci furono reazioni contrastanti: da una parte liberatorie per tutti coloro che volevano andare avanti e che pensarono: «Finalmente lo dice». E dall'altra parte ci fu la guerra dei cossuttiani e di quelli a lui collegati. A un certo punto si aveva l'impressione che anziché una maggioranza ci fosse un equilibrio, un equilibrio che paralizzava tutto, perché quando due forze sono di analogo peso nessuna riesce a muoversi e a prevalere. Questo secondo me è stato il male di cui il Pci ha scontato le conseguenze.

Durante gli incontri internazionali nelle dacie, uscivamo per parlare tranquilli perché temevamo di essere controllati. Erano proprio loro a dircelo. Mi ricordo che in Romania la viceresponsabile della sezione Esteri ci diceva: «Io non parlo mai se non con la radio accesa e in giardino». Ci avvertivano: «Guardate che qui viviamo in mezzo ai microfoni». Alla fine il troppo stroppia e non produce più i risultati che voleva produrre, perché lo si prendeva così, un po' scherzando.

Sull'attentato di Sofia ho sentito soltanto voci di corridoio e cose di questo genere. Mi sembra però assolutamente credibile, anche se non c'è nessun elemento. Ma c'erano stati già altri segnali, per esempio malattie durante questi viaggi. Magari si trattava di un'influenza che si era buscato sull'aereo, però il grado di sospetto verso questo Est era talmente grande da giustificare qualsiasi pensiero.

Con gli Stati Uniti Berlinguer era convintissimo dell'esigenza di andare verso una normalizzazione dei rapporti. La cosa strana è che da parte degli Stati Uniti, a dir la verità, non c'è mai stata una grande corrispondenza e non si capiva il perché. La stampa americana, i ceti intellettuali, le università, le fondazioni... Io ho girato in lungo e in largo per gli Stati Uniti in quegli anni: c'era un grado di conoscenza del Pci, delle sue posizioni e della capacità di influenzare sia la situazione interna che la situazione del movimento, che era impressionante. Direi che l'unico Paese nel quale c'è stato un analogo interesse fu la Germania, ma lì il fenomeno è stato facilitato dal fatto che c'era Brandt. Gli Stati Uniti avevano questa riserva di fondo che non si è mai esplicitata nelle sue ragioni, lo si vedeva anche negli ambasciatori in Italia... Il più aperto tra gli americani, benché si dicesse il contrario, tutto sommato era Henry Kissinger. Con Kissinger potevi parlare, lui capiva ed era la persona più intelligente che ho conosciuto nel mondo americano, con una capacità di conoscenza dei particolari eccezionale, informato, colto. Era culturalmente diverso.

Al vertice G7 di Portorico nel 1976, gli Stati Uniti di fatto mandarono un messaggio di questo tipo: «Se l'Italia prende i comunisti nel governo, scordatevi i prestiti internazionali». La nostra reazione fu di delusione perché si era lavorato tanto, cercando di presentare il Pci per quello che era, non imbellito, però non bastava, non era sufficiente. Poi c'era anche l'influenza esercitata nei Paesi europei, sulla Germania al tempo di Schmidt. Presi a uno a uno, erano completamente diversi, però dovevano esercitare quel ruolo. Ognuno è obbligato dalla storia a interpretare un certo ruolo dal quale non può uscire malgrado la migliore buona volontà.

Io incontrai diversi politici americani, tra i quali chi contava molto era l'ambasciatore a Roma. Gardner, che era un liberal americano, era poco liberal nei rapporti con il Partito comunista, era molto chiuso. Non so se dipendesse dal fatto che la moglie era veneziana e quindi lui doveva pagare uno scotto oppure se fosse proprio la sua formazione culturale.

Un'altra cosa importante fu la scelta europea del partito. Nel 1979 si votò contro il Sistema monetario europeo che entrava in vigore, poi c'è stata da una parte l'influenza di Altiero Spinelli senza dubbio molto forte, forse persino sopravvalutata. Però c'era una convinzione profonda del fatto che noi eravamo lì perché eravamo gli europeisti dell'Europa. Gli esponenti del Pci al Parlamento europeo si erano inseriti molto bene. Io sono stato prima di Napolitano presidente della commissione del Parlamento europeo per le questioni istituzionali e devo dire che il credito di cui godevi era molto alto.

L'idea dell'eurocomunismo è stata prima un'invenzione giornalistica e poi ha avuto un successo immediato a indicare che rispondeva a necessità storiche. Io non ho mai visto un fenomeno politico nuovo che nel giro di pochi mesi da quando è nato produce una tale quantità di ricerche universitarie, sociologiche e politiche. Metà della mia libreria è occupata da libri sull'eurocomunismo usciti nello spazio di pochi mesi e ovunque. Soprattutto in Germania c'è stato questo fenomeno, poi esteso negli Stati Uniti, un po' meno in Inghilterra, mentre in Francia c'era il peso di Marchais che non era molto simpatico anche se qualche volta diceva cose giuste. Comunque è stato un fenomeno dirompente e quindi forse ci siamo nutriti di eccessi di illusioni. All'epoca pensavo che la strada fosse per metà fatta.

Berlinguer considerava l'eurocomunismo il ponte per il rapporto con i socialdemocratici, e senz'altro lo era. Direi che è un rapporto iniziato prima, non con Berlinguer, ma con Luigi Longo e il primo consigliere di Willy Brandt, Leo Bauer, che era stato nelle carceri comuniste dell'Est e fu con Longo dalla guerra di Spagna. Da lì si era creato un rapporto tra questi due personaggi, antitetici per tanti aspetti ma con una fiducia reciproca straordinaria. Infatti, quando Brandt volle allacciare i rapporti con il Pci, conoscerlo meglio, approfondirne l'esistenza, si rivolse a Leo Bauer e lui si rivolse alla Resistenza che avevano fatto assieme. Berlinguer viene dopo questo. Però si è inserito molto bene, perché Brandt ebbe una simpatia per lui.

L'eurocomunismo finì per la posizione francese e spagnola. Per i francesi doveva portare a un rapporto nuovo con i socialisti e a una politica comune verso l'Europa, e Marchais faceva la guerra contro l'Europa. Santiago Carrillo dal canto suo era una figura un po' ondeggiante, poi la Spagna oggettivamente contava meno della Francia sul terreno europeo e quindi i limiti sono stati strutturali. I sovietici reagirono nel modo peggiore in assoluto all'eurocomunismo, perché si rendevano conto che questa era una leva che avrebbe potuto, se non far saltare, almeno incrinare di parecchio il sistema dell'Est sovietico. Venivano a fare le lezioncine: «Il movimento è unico, non c'è euro, non euro».

L'eurocomunismo sarebbe potuto essere una delle forme attraverso le quali uscire dal mondo bipolare, questo a diverse condizioni che però non si sono verificate. Se in Italia il Pci fosse andato al governo, in quel periodo avrebbe contato sulla scala europea e internazionale in modo diverso. Invece era un partito di opposizione che reclamava la propria personalità e il proprio spazio, ma al di là di quello non poteva andare.

Avevamo rapporti con i dissidenti dell'Est, in particolare con i cecoslovacchi, i tedeschi, con Havemann, tramite Lucio Lombardo Radice e non solo. Dopo l'invasione Berlinguer vide Dubček, altro personaggio di grande levatura europea. Il travaglio della posizione sull'Afghanistan e poi sulla Polonia fu la conferma che questo mondo non teneva. Non soltanto si stava sbriciolando, ma creava detriti che potevano ostacolare qualsiasi cammino democratico e qualsiasi cammino di pace. L'Afghanistan era la prova evidente. L'impressione era quella di un mondo che anziché andare avanti andava indietro, avevamo l'illusione di progredire però c'era sempre qualcosa che frenava e respingeva, e quindi erano sforzi inani.

L'idea vincente di Berlinguer, che ha preso un partito al 25 per cento ed è riuscito a portarlo al 34 per cento, è un'idea di innovazione. Lui si è presentato come un innovatore, e lo era, anche se non fino in fondo su tutti i terreni sui quali operava. Poi contava molto il suo peso culturale, il peso della persona, della famiglia, la serietà, il modo in cui si presentava in televisione che aveva un'influenza enorme, soprattutto in quei momenti di inizio della televisione. Il suo richiamo è stato immediatamente molto forte ma era molto individuale, molto legato alla persona, a lui. Scomparso lui, è scomparsa anche una parte di questo richiamo.

Il vero Pci finisce con la morte di Berlinguer, il vero Pci è finito. Avrebbe ancora avuto delle possibilità ma è finito male per come è stato vissuto, quelli che hanno preso l'eredità non sempre sono stati all'altezza, non hanno avuto un disegno chiaro di che cosa bisognava fare. Anche la

Bolognina era un po' campata in aria così come il congresso di Rimini dove c'è stato il rivolgimento. Le posizioni non erano chiare: si capiva che non si era più quello, ma non si sapeva che cosa fosse, quindi direi che il finale non è stato esaltante.

13

Giorgio Napolitano

Una vocazione chiamata politica*

Presidente, per prima cosa vorrei chiederti un giudizio complessivo sugli anni della segreteria di Berlinguer, segnata da scelte di rilievo, dal nuovo giudizio sulla Nato alla prospettiva europea, dal compromesso storico al distacco progressivo dall'Unione Sovietica.

Gli anni della segreteria di Berlinguer e, volendo, anche i tre anni preparatori della sua vicesegreteria, molto importanti, furono anni nei quali svolse importanti missioni di carattere internazionale. Rammento quando, nel 1966, dovendomi recare per degli incontri a Mosca, mi venne affidata una missione speciale perché Berlinguer voleva andare in Vietnam, e gli occorreva un visto di passaggio per la Cina. Mi incaricò di parlare con i rappresentanti dell'ambasciata cinese a Mosca, dove subii una specie di interrogatorio: «Chi fa parte della delegazione?». «Enrico Berlinguer eccetera...» Uno dei nomi era Antonello Trombadori dell'«Unità». «Che cos'è "l'Unità"?» «"L'Unità" è il giornale del Partito comunista italiano.» «Ma che cosa vanno a fare in Vietnam?» Un interrogatorio micidiale in un clima di gelo. Tornai alquanto provato in albergo, ma in seguito potetti comunicare a Roma che Berlinguer avrebbe avuto quel visto. Quello fu un momento

* Intervista di Walter Veltroni realizzata il 12 settembre 2013.

molto significativo del Berlinguer non ancora segretario, ma designato vicesegretario e candidato a succedere a Luigi Longo, che non era in buone condizioni di salute.

Poi c'è stato il periodo ben più lungo della segreteria, anche se non lunghissimo perché purtroppo interrotto da quella tragica e imprevedibile fine. Un periodo essenziale per riposizionare il Pci come partito principale della sinistra nell'arena internazionale. Questo va detto con molta forza e convinzione perché Berlinguer dovette operare sul fronte del superamento di un legame storico di identificazione, in larghissima misura, del Pci con le posizioni internazionali dell'Unione Sovietica, e dovette anche lottare contro un certo antiamericanismo diffuso nelle file del partito, che in parte era il risvolto di quella identificazione con la funzione e il ruolo dell'Urss. Si ritornava un po' al punto di partenza, a quella scelta di campo che aveva diviso il mondo e l'Italia con la Guerra fredda e poi era diventata una palla di piombo al piede del Partito comunista. Il quale, per il livello di influenza che veniva raggiungendo grazie al ruolo svolto in Italia, e per il peso che veniva assumendo nel Parlamento e nella politica italiana, era partito di governo la cui missione doveva completarsi e coronarsi nell'esercizio di una partecipazione al governo. Però questa prospettiva di partecipazione al governo, il superamento della democrazia bloccata o della *conventio ad excludendum* nei confronti del Partito comunista, passava attraverso un ripensamento della collocazione internazionale del Pci. Questo è stato, forse, veramente il cuore dell'impegno, molto arduo, di Enrico Berlinguer.

Dal punto di vista politico e storico, come si può spiegare che il Pci con Togliatti si fermò alla soglia del 25 per cento, e con Berlinguer arrivò al 34 per cento e a un passo dal governo?
Ritengo che si possa spiegare con un logoramento crescente del sistema della democrazia bloccata: pur essendo tutt'altro

che stabile, perché i governi si succedevano a una velocità impressionante e sconosciuta in altri Paesi democratici, il sistema aveva però al centro del potere lo stesso partito, la Democrazia cristiana, con un sistema di alleanze variabili. Si sentiva il peso di questa continuità un po' morbosa, non naturale, in un modello di democrazia europea. Da un lato c'era quindi il logoramento di quella coalizione, di quella esperienza, un certo grado ormai di insofferenza nei confronti del perpetuarsi di quel blocco della dialettica democratica; dall'altro c'era un Partito comunista che si apriva sempre di più e nei cui confronti appariva ancora più ingiustificata quella preclusione ad accedere al governo del Paese. Si avvertiva diffusamente una necessità di ricambio, di idee e uomini nuovi e anche di rappresentanze sociali diverse da quelle dominanti nel passato.

Il compromesso storico era un tentativo ambizioso e difficile di uscire dalla logica dei blocchi, e per questo ebbe sostanzialmente contro Stati Uniti e Unione Sovietica, nonché molte forze in sede nazionale?
Sulla formula stessa del compromesso storico, a cui pure aderii quando fu lanciata da Enrico Berlinguer, in seguito ho avuto ripensamenti, perché a mio avviso fu un rivestimento troppo ideologico della scelta politica della solidarietà democratica in un periodo di emergenza nazionale. C'era, se vogliamo stare a come la formulò Berlinguer, la componente «grande compromesso» o «compromesso storico», come fu definita per sottolinearne la portata e lo spessore, tra le forze fondamentali che hanno costruito la Repubblica democratica dopo il crollo del fascismo, dopo la Resistenza e sulle basi della Costituzione. In questo senso, c'era anche il tentativo e la volontà di uscire dalla logica dei blocchi perché aveva imprigionato in quella condizione asfittica la dialettica democratica in Italia. Certo, fece parte dell'idea

di compromesso storico, ma anche, inestricabilmente, della politica di solidarietà nazionale, la ricollocazione dell'Italia in un quadro di politica internazionale che non era più così dominato dalla contrapposizione tra Est e Ovest.

C'erano d'altronde fasi di cambiamento, e di disgelo crescente, tra Unione Sovietica e Stati Uniti. Non dimentichiamo una data molto importante, quella dell'Atto di Helsinki, proprio a metà degli anni Settanta. Fu qualcosa di cui non si comprese subito l'importanza: in realtà si pensava che, sottoscrivendo il gruppo dirigente sovietico quegli impegni di riconoscimento e di rispetto dei princìpi e dei diritti fondamentali nelle relazioni tra i popoli, e direi anche nel governo degli Stati, non succedesse niente. Invece si gettò un seme che poi operò nel favorire i movimenti e le rivoluzioni del 1989, e si collocava in questo quadro pure l'invenzione così singolare dell'eurocomunismo.

Nel 2013 a Washington ho incontrato una esponente importante dell'amministrazione americana in senso lato. Per la verità non sapevo neppure che esistesse quell'incarico di *General Surgeon*, chirurgo generale, una specie di sovrintendente al sistema sanitario. La signora mi disse: «Lei sa che io feci la tesi di laurea ad Harvard, al Centro di Studi Avanzati Europei con Stanley Hoffmann, e la feci sull'eurocomunismo? Sapesse quanti articoli e quanti scritti suoi mi dovetti leggere». Ancora oggi, in coloro che hanno cultura politica negli Stati Uniti, rimane la traccia di quella intuizione, di quella novità che apparve, e in parte era, un elemento di rottura della logica dei blocchi, e naturalmente un elemento di rottura all'interno del movimento comunista guidato dall'Unione Sovietica.

In Berlinguer c'è sempre, in quegli anni, in tanti passaggi, un'accelerazione verso la rottura nei confronti dell'Unione Sovietica, e però spesso la riconferma del valore storico della

Rivoluzione d'ottobre... come se lui dovesse tranquillizzare un popolo che voleva mettere in cammino. È così?
Sì, certamente. Qualcosa tuttavia andava anche nella direzione di tranquillizzare se stesso, perché Berlinguer era profondamente legato alla caratterizzazione del Pci come partito rivoluzionario. La matrice rivoluzionaria del partito nasce dalla frattura dentro il vecchio Partito socialista italiano, nasce nella luce della Rivoluzione russa e della prima fase di costruzione dello Stato sovietico. È un partito che si considera portatore di una prospettiva rivoluzionaria; e ci volle la grande maestria di Togliatti per elaborare la famosa definizione della «rivoluzione come processo».

Ma quella elaborazione era qualcosa di molto arduo, difficilmente accessibile per una massa larga di militanti. Insomma, lo vogliamo o non lo vogliamo più questo socialismo, questa società radicalmente nuova, altra rispetto al capitalismo? Siamo o no rivoluzionari? Berlinguer per primo non si sentiva di rompere con questa radice o di rovesciarla in qualcosa di diverso. Anche dopo la rottura con l'Unione Sovietica per l'invasione della Cecoslovacchia... Però ci furono dei seguiti importanti: come il suo intervento, nel 1977, al congresso del Pcus dalla tribuna di Mosca. Ci voleva coraggio per dirlo lì, per parlare lì della democrazia come valore universale. Dall'altra parte (i dirigenti sovietici) si tentò naturalmente di riagganciare questo partito italiano che ormai aveva scelto un'altra strada, e Berlinguer fece delle concessioni. Ricordo un discorso a Genova, alla festa dell'Unità nel settembre 1978, che parve rappresentare un passo indietro, e poi ci fu l'incontro di Berlinguer in Unione Sovietica con Brežnev. Insomma, furono dei momenti difficili, anche oscuri, però molto condizionati a quel punto dalla dialettica sempre più aspra che si sviluppava in seno alla sinistra italiana. Ove non ci fosse stata anche quella morsa della polemica e della competizione, poi diventata senza esclusione di colpi, tra Psi e Pci, non so se Berlinguer sarebbe stato egualmente condizionato nel dare ogni tanto un colpo di freno al distacco dall'Urss. Forse sarebbe stato più libero di operare quel distacco speditamente e coerentemente.

Avesti la sensazione che Berlinguer e tutti voi foste considerati dall'Unione Sovietica degli avversari?
So che quando uscì un grande studio di Giuseppe Boffa, che è stato uno storico serissimo dell'Unione Sovietica, sulla storia della rivoluzione e della costruzione dell'Urss, quel libro, incredibilmente, fu tradotto in russo solo per i membri del comitato centrale. Accadeva questo. Fu dato loro in lettura, ma siccome forse non si fidavano, lo accompagnarono con una sorta di recensione, che successivamente ho letto tradotta in italiano, in cui si diceva che il libro era molto serio nelle fonti, ma conteneva giudizi segnati da una tendenza antisovietica che oramai stava prendendo piede nel Pci, e si abbinava il mio nome a quello di Giuseppe Boffa. Forse si temeva a Mosca l'attrazione che il Pci esercitava in tutta l'Europa e non solo; basti pensare all'influenza che ebbe l'eurocomunismo e l'elaborazione della politica del Pci anche nei partiti comunisti e nell'opinione di sinistra dell'America Latina. Senza dubbio, quindi, c'era un atteggiamento di diffidenza crescente da parte del partito sovietico.

A te sembra possibile quello che Emanuele Macaluso ha raccontato di quanto Berlinguer gli disse sull'attentato a Sofia nel 1973?
Non ho avuto occasione di ricevere una confidenza o un racconto simile, ma penso che non si possa per niente escludere.

Veniamo adesso ai giorni della formazione del governo Andreotti nel 1978. Nel giro di poche ore – dopo e a causa del rapimento

di Moro – si passò da un atteggiamento critico sulla formazione del governo e sulla composizione della squadra ministeriale alla decisione di votare senza porre tempo in mezzo la costituzione del governo Andreotti. Ci puoi parlare di che cosa fu il rapimento Moro per la strategia del compromesso storico e per la prospettiva dell'ingresso del Pci al governo?
Innanzitutto il rapimento Moro fu una scelta del terrorismo politicamente consapevole. Si colpì Moro precisamente per colpire il Pci, per mettere in crisi la sua politica, che era anche di collaborazione con la Democrazia cristiana, e in questo senso un effetto purtroppo lo si ottenne, un effetto terribile di devastazione e di sofferenza umana, la tragedia di Moro che poi abbiamo compreso meglio attraverso l'analisi accurata fatta da uno studioso italiano delle sue lettere dal carcere e del suo memoriale. Comunque non c'è dubbio che l'obiettivo era mettere in crisi la politica del Pci, il suo gruppo dirigente e Berlinguer, considerato portatore di una politica di capitolazione.

Forse noi non comprendemmo tutto questo immediatamente. Era importante anche in quel periodo terribile della prigionia di Moro mantenere i nervi saldi. Voglio ricordare un fatto perché è abbastanza significativo: nel 1975 avevo chiesto il visto per recarmi negli Stati Uniti d'America invitato da un gruppo di università per tenere un ciclo di conferenze e di incontri. Naturalmente Berlinguer ne era al corrente e apprezzava l'importanza di questo viaggio, che non si poté tenere perché mi fu negato il visto, come si diceva allora il *waiver*, una specie di nulla osta perché si potesse concedere il visto d'ingresso negli Stati Uniti a esponenti di partiti comunisti o fascisti. Nel 1978 si riaprì la possibilità, per me, di andare negli Usa. C'era Carter presidente degli Stati Uniti che inaugurò una politica molto più liberale in questo senso, e io ottenni il visto d'ingresso. Dovevo partire pochi giorni dopo il sequestro di Moro. La prima cosa che feci fu chiedere a Berlinguer: «Annullo il viaggio?». Lui mi disse: «Assolutamente no, tu devi andare e devi dare continuità a un filo che noi stiamo cercando di tessere nel rapporto con l'opinione democratica americana». Credo che ciò sia stato abbastanza significativo. Una volta giunto negli Stati Uniti, incontrai una delegazione di sindacalisti italiani che si trovava in quei giorni a Washington, e comune era la nostra angoscia nel vivere i giorni del presunto ritrovamento nel lago della Duchessa del corpo di Moro. Vivevamo anche negli Stati Uniti la tragedia del rapimento e della prigionia di Moro... Fu chiaramente un colpo mortale alle possibilità di sviluppo della politica di solidarietà nazionale.

Tu pensi che lo Stato avrebbe potuto fare di più per liberare Moro?

Mi pare molto difficile sostenerlo. Sia chiaro, penso che sul piano storico non si possano avere dei tabù, si possono sempre riconsiderare le discussioni e divisioni sul tema della liberazione possibile di Moro, a quali condizioni, sciogliendo come il nodo trattativa/non trattativa... Tuttavia, sino a questo momento non ritengo che siano stati forniti elementi tali da poter dire che ci fosse modo di liberare Moro, o che sia stata sabotata un'azione in tal senso.

Affrontiamo adesso la prospettiva europea, della quale tu sei stato con Berlinguer protagonista e che poi portò a una scelta emblematica come la candidatura di Altiero Spinelli: quella è un'altra delle evoluzioni importanti di quegli anni della segreteria Berlinguer.

Nella mia autobiografia l'ho giudicata addirittura come la scelta più audace e più altamente rappresentativa dell'intera segreteria di Berlinguer, perché in essa confluivano molte cose: il senso dell'Europa, della civiltà, della cultura europea; la prospettiva dell'unità anche nel segno del federalismo che poi portò al riavvicinamento con Altiero Spinelli; il superamento di una collocazione internazionale ancora inficiata dalla identificazione con le posizioni, specie di politica estera, dell'Unione Sovietica. Insomma, la scelta era il riformismo da realizzare all'europea anche in Italia. E fu una scelta riassuntiva di tutto quanto di nuovo Berlinguer introdusse nella realtà, nella collocazione e nella prospettiva del Pci.

Nel 1981 tu scrivesti un articolo critico nei confronti di Berlinguer in occasione dell'anniversario della morte di Togliatti. Ci puoi presentare quel passaggio della discussione tra te e lui?
Fu una incrinatura grave del rapporto tra di noi, perché dopo di allora si acuì un dissenso; certamente lui aveva risentito molto di quella mia uscita pubblica non concordata, poi ci fu una discussione nella direzione del partito su quell'articolo, probabilmente eccessiva e oggi non concepibile. Una discussione molto critica in cui si levò qualche voce anche di persone vicinissime a Berlinguer, molto sagge, come quella di Paolo Bufalini, a tentare di attenuare il suo rammarico o la sua critica. Io in realtà temevo che l'intervista – perché a quello tutti pensarono, e a quello ricollegarono il mio articolo – rilasciata da Berlinguer a Eugenio Scalfari rischiasse di portare all'isolamento del Pci. Allora ricordai quello che aveva scritto Togliatti, proprio nel senso di un approccio più duttile al rapporto con le altre forze politiche.

Adesso non saprei nemmeno ricordarne tutti i passaggi, però fu un momento molto critico nei nostri rapporti. Poi ci furono altre manifestazioni di tensione tra noi, però ho scritto, e voglio ribadirlo, che tutto questo non alterò mai il mio rapporto e il mio sentimento di stima, di considerazione, di rispetto e di affetto per Enrico Berlinguer che durava dalla notte dell'ultimo dell'anno del 1945. Ero a Roma, delegato al quinto congresso nazionale del Pci, nell'aula magna dell'università. Il congresso cominciò dopo Natale e finì dopo Capodanno, e quella sera per festeggiare la fine dell'anno fui invitato a casa di Piero Della Seta, che poi è stato un validissimo consigliere comunale a Roma. Fummo invitati insieme io e Berlinguer, io ero più giovane di tre anni e arrivai solo, ero single, lui aveva una fidanzata che poi sposò un altro comune amico. Ci incontrammo allora, mi apparve subito un uomo un po' malinconico, non festaiolo, sensibile e riservato. È stato sempre molto sobrio nell'espressione dei suoi sentimenti, sempre molto riservato; però, insomma, se ne capiva la stoffa umana.

Cosa diresti a un ragazzo che non l'ha conosciuto, ovviamente sono tanti, per raccontare com'era la politica di Berlinguer e com'era Berlinguer?
Dovrei usare dei termini che adesso appaiono molto superati. Dovrei dire «la politica come vocazione», perché egli la concepiva come vocazione e come professione (ne ha scritto un grande scienziato come Max Weber). Purtroppo, sembrano tutti e due termini desueti. Naturalmente si può avere vocazione per la politica e non esserne consapevoli subito, prendere varie strade, poi arrivare più tardi alla politica come impegno totale, o si può ritrovarla subito in se stessi e sposare la politica come professione. Se vogliamo usare un'espressione un poco più romantica, quella cara a Giorgio Amendola, la politica come scelta di vita, come dedizione totale, il che non significa non avere altri interessi, altre curiosità e altre aperture nella vita, però farne il centro attorno a cui ruota tutta l'esistenza, con grande sacrificio anche personale.

Berlinguer ha fatto una vita di lavoro molto duro, di sacrificio molto forte; ha costruito una famiglia, si è ritrovato nell'affetto della famiglia, però aveva davvero scelto per la sua vita la dedizione alla causa del rinnovamento politico e della trasformazione della società in Italia, e alla causa della pace e del progresso nel mondo. Non dimentichiamo, ma è ben noto, che Berlinguer affrontò molti problemi relativi a quello che andava cambiando nel mondo negli anni conclusivi della sua vita: il nuovo rilievo di valori come l'ambiente; il fondamentale obiettivo di un mondo più giusto, di un superamento dello squilibrio tra il Nord e il Sud del mondo. Direi ai ragazzi: badate, ognuno di voi può non sentire la vocazione per la politica, può riluttare ad avvicinarsi alla politica anche se ciò è molto condizionato dal degrado della politica che c'è stato da molti anni a questa parte. D'altronde, nel tirare le somme della mia esperienza – perché pensavo che il mio libro autobiografico del 2005 fosse il testimone che consegnavo, poi sono stato richiamato in servizio – avevo scritto «non mi riconosco in una politica che ha subìto un simile impoverimento culturale e morale». Queste sono state secondo me le due terribili perdite e sconfitte della politica. Però al giovane che, anche in conseguenza di ciò, non ci si avvicina, dico: «Se vuoi avere un'idea di ciò non solo che è stata, ma che può essere la politica, pensa alla politica come l'ha vissuta Berlinguer».

Che emozioni provasti la prima volta che vedesti le immagini di Padova?
Le vidi alla televisione le immagini, ma prima ricordo un incontro – appena ci giunse la terribile notizia del malore di Enrico – nella sede della direzione del partito, in via delle Botteghe Oscure, con i due medici che stavano per partire per Padova. Uno era Francesco Ingrao, pneumologo e medico di fiducia di Enrico, e l'altro un grande neurologo, Cesare Fieschi... Fieschi, come specialista, avendo studiato tutti gli elementi che si potevano ricavare dalle notizie, disse: «Non c'è speranza». Fu un'emozione fortissima, un trauma pesante.

Secondo te il Pci finisce quel giorno a San Giovanni?
Il Pci era oramai in una condizione di crisi difficilmente superabile: quello che sarebbe accaduto nell'89 era già in nuce nell'84. Anche quando l'anno dopo Gorbačëv diventa segretario generale nel artito dell'Unione Sovietica, quella fu già un'impresa disperata. Mi è rimasto molto impresso un episodio che ho qualche volta rammentato: Natta era segretario del partito, io ero responsabile per le relazioni internazionali, andammo insieme a Mosca e avemmo un colloquio di sei ore con Gorbačëv al Cremlino; a un dato momento Gorbačëv disse: «Il mio obiettivo è costruire nell'Unione Sovietica uno Stato di diritto». Io interruppi Gorbačëv: «Scusi, vorrei chiedere all'interprete se ho capito bene perché in italiano Stato di diritto significa grosso modo questo. Vorrei capire se ho capito bene, se ha tradotto bene», Gorbačëv disse: «Sì». Be', era un'impresa oramai disperata nel 1986…

Senza dubbio quindi anche il Pci era così intimamente legato alla storia del movimento comunista che, pur avendo assunto una così originale fisionomia, era coinvolto in quel tramonto. C'è una frase di Berlinguer che di rado ho sentito richiamata: «Che cos'è il Partito comunista italiano? È un partito comunista diverso da tutti gli altri». Quel concetto di diversità mi andava bene, era «un partito comunista diverso dagli altri»; nonostante ciò, superare quella che era oramai una crisi fatale dell'ideologia, del movimento rivoluzionario, del processo politico del socialismo in Unione Sovietica e in quel blocco di Stati… Alla morte di Berlinguer, il mio stato d'animo fu perciò non solo quello del dolore personale, ma quello del senso del fatale declino del partito e del movimento con cui avevamo entrambi identificato la nostra vita.

14

Richard Gardner

L'amico americano

Consideravo Berlinguer una figura tragica, di grande spessore intellettuale e di tutto rispetto. Tragica nel senso che il suo partito era profondamente diviso e lui aveva il difficile compito di comporre posizioni estreme, dominanti per due terzi nel partito, e i socialdemocratici, come Giorgio Napolitano, che auspicavano il partito guardasse a Occidente. Berlinguer temeva una scissione nel partito e, pur avendo le migliori intenzioni, doveva fare i conti con una base estremista che non gli avrebbe permesso di spostarsi rapidamente verso Occidente. Il Dipartimento di Stato era favorevole ai miei incontri riservati con Napolitano e altri, mentre se avessi incontrato pubblicamente Berlinguer sarebbe stato imbarazzante per lui e pericoloso per me.

Gli ho parlato soltanto una volta a un ricevimento al Quirinale con il presidente Pertini, dove ci scambiammo poche parole. Volevo essere cordiale, così gli raccontai che mia figlia Nina a Harvard nella sua tesi di laurea sui missili Cruise aveva anche scritto del congresso di Livorno in cui i comunisti si erano separati dai socialisti. Per qualche ragione lui sembrò non gradire. Forse ebbe la sensazione che il mio fosse un ragionamento di natura politica, invece volevo solo attaccare discorso... così se ne andò subito.

Mi parve una persona molto timida, forse non era a suo agio a parlare con l'ambasciatore americano. Fu l'ultima volta che lo vidi di persona.

Occorre distinguere e chiarire i differenti atteggiamenti delle amministrazioni americane. La politica del presidente Carter e la mia erano molto diverse da quelle dei nostri predecessori Nixon e Ford, e l'ambasciatore John Volpe, che erano dogmatici e per nessun motivo avrebbero accettato l'idea di un Pci al potere né avrebbero concesso il visto d'ingresso a un comunista o stretto contatti con i suoi leader. Noi, invece, eravamo pragmatici, giudicavamo il Pci per i suoi atti e le sue dichiarazioni e ci eravamo accorti che era in corso un'evoluzione molto lenta, e non ancora completata, verso l'indipendenza dalla Russia e la democrazia sociale. Vedevamo una spaccatura all'interno del partito tra i socialdemocratici, come il mio caro amico presidente Napolitano, e gli estremisti Ingrao, Cossutta, Pecchioli e via dicendo. Così pensavamo a quale sarebbe stato l'impatto sulla Nato e l'alleanza occidentale del Pci al governo. Si era al culmine della Guerra fredda e l'Italia era un alleato critico, visto che dipendevamo proprio dall'Italia per le basi dell'Aeronautica e della Marina, e ogni volta che si riapriva la questione, il Pci voleva interferire con la nostra presenza militare. Comunque, il nostro fu un approccio pragmatico, basato su ciò che il partito faceva in termini di impatto sull'interesse degli Usa e dell'Occidente.

Prima, durante l'amministrazione Kennedy, io mi occupavo dei rapporti con le Nazioni Unite, non ancora con l'Italia, e condividevo la politica del presidente, che anche in questo caso era pragmatica: non è che si volessero i socialisti al potere, però i democristiani non avevano più la maggioranza e non c'era modo di avere un governo stabile in Italia escludendo i comunisti se non includendo i socialisti – e noi preferivamo i socialisti ai comunisti. E poi i socialisti erano circa al 10 per cento dell'elettorato, mentre il Pci alle elezioni del 1976, quando poi io arrivai in Italia, era al 34,4 per cento. La sua entrata nel governo sembrava inevitabile, così come il sorpasso della Dc: la situazione era differente.

Del resto, se da quelle elezioni fosse risultato un governo di alternativa di sinistra, cioè con la Dc all'opposizione, gli Stati Uniti non avrebbero fatto niente di particolare. Tengo a spiegare ai miei amici italiani che le amministrazioni statunitensi con i presidenti democratici come Kennedy, Carter, Clinton – per le quali io ho prestato servizio – hanno sempre rispettato il diritto degli altri Paesi di scegliere il proprio governo. E se l'Italia avesse eletto un governo con comunisti e socialisti, ci avremmo intessuto dei rapporti. Di certo non avremmo interferito come John Volpe o Henry Kissinger, che pagarono il generale Miceli, il quale poi andò tra le file dell'Msi. Fu controproducente, venne tutto alla luce, e contribuì a screditare gli Stati Uniti. Così, durante la nostra amministrazione non ci furono finanziamenti ai partiti né alcuna pressione sugli italiani affinché votassero in un senso piuttosto che in un altro. Se fosse stato eletto un governo di sinistra, certo non ce ne saremmo rallegrati, ma avremmo affrontato la situazione.

Non sono convinto che il successo della politica del compromesso storico avrebbe aperto una crisi molto profonda nel blocco comunista guidato dal Pcus. Sono sicuro che i sovietici non approvassero in parte quel che Berlinguer diceva e faceva, ma non fino al punto di considerarlo un avversario. Se fosse andato al governo e avesse portato avanti le iniziative annunciate, di ridurre la presenza militare americana, di opporsi allo spiegamento di missili Cruise e Pershing, sarebbe stato per loro un elemento molto prezioso. E non credo nemmeno che i russi fossero scontenti del compromesso storico. Almeno questo era il nostro punto di vista da Washington, non è detto che le cose stessero proprio così, ma a mio avviso il compromesso storico non avrebbe avuto impatti negativi sull'Unione Sovietica.

Non penso però che il compromesso storico di Moro e Berlinguer fosse un modo per uscire dallo schema della Guerra fredda, che fu causata dall'Unione Sovietica e non certo da un qualsiasi avvenimento italiano. All'epoca era guidata da Brežnev e da un gruppo di estremisti che calpestarono i diritti umani non soltanto in Russia, ma anche in Polonia, Cecoslovacchia e in tutta l'Europa orientale. Con tali politiche e la corsa agli armamenti, ci trovavamo di fronte a una superpotenza molto ostile che minacciava l'Italia e l'intera Europa occidentale. Fu questa la causa della Guerra fredda, perciò, francamente, non credo che quanto avveniva in Italia potesse essere decisivo per cambiare le cose.

Alcuni ritengono che il compromesso storico sia fallito perché da un lato Moro aveva contro gli Stati Uniti e dall'altro Berlinguer aveva contro l'Unione Sovietica. È chiaro che non posso parlare per Henry Kissinger, siamo vecchi amici ma dissentiamo praticamente su tutto. Il mio atteggiamento nei confronti di Moro era molto diverso. Avevamo rapporti eccellenti, l'ho incontrato quattro volte, e mi spiegò che non intendeva ammettere i comunisti nel compromesso storico, ma solo, al massimo, nella maggioranza parlamentare con l'obiettivo di logorarli. E fu davvero così: i comunisti condividevano le responsabilità senza però avere un reale potere. Io non trovai nulla da ridire alla sua politica, come lui stesso scrisse nel suo memoriale, poi rinvenuto nel covo delle Br: «Ritengo necessario fare cenno a tre miei incontri con l'ambasciatore Gardner, al quale ho esposto con molta chiarezza la situazione; la richiesta pervenuta [dai comunisti], le condizioni di emergenza del Paese, l'esclusione di un'alleanza politica generale». Mi disse che non si sarebbe alleato con i comunisti, e disse anche: «L'ambasciatore non ha dato consenso né ha pronunciato anatemi e si è limitato a prendere atto delle mie affermazioni e delle previsioni di tempi e di sviluppi». Come si vede, io non gli dissi cosa fare, semplicemente ascoltai quanto aveva da dirmi.

Se da una parte Berlinguer era considerato un «eretico» dal Pcus, secondo noi non lo era abbastanza. Era proprio così, avevamo ragione sia noi che loro! Riconoscevamo, al contrario della precedente amministrazione repubblicana, che il Pci stava cambiando. Tuttavia, in qualità di ambasciatore, ho passato molto tempo a osservare le varie personalità del comitato centrale, e ho notato che per due terzi avevano ancora convincimenti marxisti-leninisti ed erano a favore dei sovietici; soltanto un terzo si muoveva in direzione socialdemocratica, come Giorgio Napolitano e altri. Con questo stato di cose, e Berlinguer era intrappolato in tale divisione, non potevamo essere certi dell'appoggio del Pci in caso fosse andato al governo.

Berlinguer affermava di sentirsi più sicuro sotto l'ombrello della Nato piuttosto che sotto l'ombrello del Patto di Varsavia. Ma non fu l'unica dichiarazione che fece, così si produssero alcune contraddizioni. Lodò la Rivoluzione d'ottobre e disse che i sovietici, malgrado alcuni difetti, costituivano una grande fonte d'ispirazione e rappresentavano un fattore chiave nella lotta per la pace – è incredibile, disse proprio che l'Unione Sovietica era un fattore chiave importante nella lotta per la pace! È vero, Berlinguer si professava favorevole all'appartenenza alla Nato, d'altro canto il Pci fece tutto il possibile per indebolire l'Alleanza atlantica, votando contro gli stanziamenti alle forze armate italiane e cercando di eliminare le basi americane aeree e navali, strategiche per la Nato. Noi ascoltavamo queste dichiarazioni, che però erano sorpassate dai fatti e da altri annunci tutt'altro che collaborativi.

Berlinguer apparve anche sulla copertina di «Time» che pubblicò una lunga intervista, e poi il «New York Times» dedicò la prima pagina al suo discorso in occasione dell'anniversario della Rivoluzione d'ottobre, in cui dichiarò che la democrazia è un valore universale. Il problema è che Berlinguer disse molte cose, anche in contrasto le une con le altre. Per esempio, il 30 gennaio 1977 dichiarò: «Nessuno può negare il carattere limpido e non equivoco di certe nostre critiche a certi tratti illiberali dei regimi politici di alcuni Paesi dell'Est europeo, ma noi rispondiamo no a chi vuole portarci a negare la funzione storica decisiva della Rivoluzione d'ottobre, le conquiste irrevocabili dei sistemi socialisti, e il carattere socialista dei rapporti di produzione che si sono realizzati di fatto in quei Paesi, e la funzione che questi Paesi hanno nella lotta per la pace». Io ero appena arrivato per ricoprire il ruolo di ambasciatore, e come avrei dovuto reagire di fronte alla sua ammirazione per il sistema sovietico, pur con qualche critica, e per il ruolo svolto nella ricerca della pace? Non suonava affatto amichevole nei confronti degli Stati Uniti o della Nato, e bisognava tenerne conto.

Riguardo alla tematica del terrorismo, invece, la mia amministrazione apprezzò molto la linea dura del Pci, impegnato contro ogni ipotesi di trattativa con le Brigate rosse. Lo riferii a Washington. Del resto, però, notammo – ed è un fatto storico – che le Brigate rosse si definivano Brigate rosse per il Comunismo, si ispiravano all'ideologia marxista-leninista proprio come il Pci, e molti giovani comunisti le supportavano. C'era quindi questo fattore. Ma ciò che giocò un ruolo decisivo nei miei rapporti a Washington fu il tentativo da parte dei vertici comunisti italiani di diffondere l'idea che dietro le Br ci fossero la Cia e gli Stati Uniti, e che le Br rappresentassero il tentativo americano di destabilizzare l'Italia. Era un legame assurdo e offensivo, inaccettabile, e molti comunisti continuavano a parlarne: Cossutta, Pecchioli, e persino Berlinguer, in un'affermazione di cui riconosco l'ambiguità... Comunque disse che alcuni centri internazionali stavano cercando di destabilizzare l'Italia attraverso le Brigate rosse, ed era chiaro che si intendevano gli Stati Uniti.

Infine, vorrei sottolineare che l'amministrazione americana non ha avuto atteggiamenti ambigui o comunque più rigidi nei confronti dei comunisti italiani, rispetto a quelli francesi, per esempio. In Italia anche la partecipazione del Pci alla maggioranza non era sempre ben vista, mentre in Francia si accettava che alcuni ministri comunisti sedessero al governo. Io non mi sono mai occupato della Francia, e questo avvenne quando avevo già lasciato l'ambasciata a Roma, tuttavia bisogna considerare che le condizioni nei due Paesi erano alquanto diverse. Il Pci era al 34,4 per cento e tutti pensavano che ci sarebbe presto stato il sorpasso della Dc e avrebbe influenzato il governo del Paese; del resto, come ho detto, Berlinguer aveva dichiarato che non avrebbe mai acconsentito a che la Nato collocasse i missili Pershing e Cruise sul territorio italiano, se fosse stato al potere. Il Partito comunista francese era al 10 per cento, e la loro presenza al governo non era molto significativa in termini di cambiamento della politica estera francese e dell'appartenenza alla Nato. Perciò, a onor del vero, ritengo che le due situazioni fossero completamente diverse.

Lettere dal carcere

(17 gennaio - 23 aprile 1944)

«Sassari, sera ventosa di mercoledì 12 gennaio 1944. Al numero 4 di vicolo San Sisto, un budello fradicio con odore di cavoli e lardo a spina sul Corso, ha da poco la sede, una stanza spoglia, il movimento giovanile comunista. Nella luce rossiccia d'una lampadina debole, una ventina di ragazzi dei rioni popolari ascoltano il segretario, uno studente di ventidue anni prossimo alla laurea in legge, non alto, dimagrito dentro l'abito di sempre, che gli casca largo, i capelli neri corti, a spazzola, la fronte corrugata in faccia liscia: Enrico Berlinguer, d'una famiglia della piccola nobiltà agraria e professionale, avvocato repubblicano legato a Garibaldi il nonno, deputato dell'Unione amendoliana nel '24 il padre, Mario, ora leader del Partito d'Azione. Discutono animatamente d'una manifestazione in piazza per l'indomani giovedì 13 gennaio.» Il racconto con cui Peppino Fiori apre il suo *Vita di Berlinguer* (edito da Laterza), ci restituisce un clima e un mondo, persino negli odori, negli abiti. Il ragazzo magro è destinato ad avere un ruolo importante nella storia italiana, ma in quel momento è un giovane sconosciuto alla vigilia di fatti destinati a segnarlo profondamente. In quella stanza si prepara una protesta contro il carovita e contro Badoglio. Verrà ricordata a Sassari come la rivolta del pane (nome evocativo, visto che in quella città alla fine del Settecento portarono questo nome i moti rivoluzionari). Quel 12 gennaio Berlinguer fu arrestato: finì in carcere per cento giorni. Cento giorni che impiegò a riflettere e di cui le lettere inedite concesseci dalla sua famiglia e che qui pubblichiamo rendono una straordinaria e sinora sconosciuta testimonianza.

Enrico Berlinguer era entrato in contatto giovanissimo con l'antifascismo sardo nel 1937 e presto si era avvicinato al Pci. «Da ragazzo c'era in me un sentimento di ribellione. Contestavo [...] tutto. La religione, lo Stato, le frasi fatte e le usanze sociali. Avevo letto Bakunin e mi sentivo un anarchico. Nella biblioteca di uno zio, socialista umanitario, trovai il Manifesto di Marx; poi conobbi degli operai, degli artigiani che avevano seguito Bordiga, e che anche con il fascismo conservavano i loro ideali. Esercitarono su di me un forte richiamo; c'era, nelle loro vicende, molta suggestione.» Di questo si era nutrito il giovane Berlinguer, libri, ideali passioni ma anche la conoscenza diretta degli uomini. Il rapporto di polizia ci racconta che «seguendo la nota prassi comunista, si è chiuso in un assoluto mutismo», in realtà fu invece l'occasione di lunghe discussioni e riflessioni.

Dopo cento giorni in cella nel cupo e oppressivo carcere sassarese, Berlinguer fu prosciolto in istruttoria per non aver commesso il fatto: era cambiato il clima politico, c'era stata la svolta di Salerno. Proprio a Salerno fu condotto dal padre a conoscere Togliatti e poi a Roma liberata. Nel carcere e con queste lettere si chiude l'adolescenza (ma quanto già matura!) di un protagonista della nostra storia.

Due poliziotti sono venuti a chiedermi informazioni di Cossu Giovanni[1] che ricercano. Io li ho sviati. Prevenitelo. Avvertite anche gli altri membri del Comitato.[2]

[1] Operaio capo cellula, dirigente della sezione giovanile comunista di Sassari.

[2] Foglietto color grigio con i margini rozzamente strappati, sul cui retro si leggono scritte pubblicitarie delle sigarette Nazionali (dieci a 3,60 lire) e delle sciarpe e cravatte Scappino.

Da fonte segreta apprendo oggi che sono denunziato al Tribunale militare insieme ad altri 38 (ma non so se tutti per gli stessi fatti). Spero di conoscere presto altri particolari. Io sto sempre bene, non mandate troppo da mangiare.

Saluti e baci.[3]

[3] Foglietto strappato da un registro.

Non so bene chi mi accusa, ma essa credo si riferisca soltanto alla eventuale partecipazione o organizzazione delle sommosse. Ho negato e continuerò. Sto bene e tranquillo. Manda fiammiferi. Non sarebbe ora che intervenissero i cugini di Ennio?[4] Baci.

[4] Ennio è uno zio paterno emigrato e residente al tempo negli Usa. Il riferimento è al comando militare americano che aveva assunto i poteri reali in Sardegna.

Carissimo,

io sto sempre bene e non sono di malumore, in proporzione al fatto che i miei compagni ed io siamo qui già (o appena?) da 14 giorni.

Ma oggi non ho voglia di abbandonarmi a riflessioni filosofiche.

Se avete notizie del mio processo, vi prego di darmele senza reticenze e senza nulla tacere. Ho visto il foglio numero 1.[5] Dammi notizie dei seguenti fatti: politiche; di famiglia; a chi fanno capo i venti dell'A.T.U.[6] passati a noi; chi sono gli eletti dell'A.T.U; ecc...

Ritira il mio orologio ché se no si perde.

«Have you thought to do someone kindness to the person who brings theese letters?»[7]

Saluti. Enrico.

[5] Si riferisce al primo numero del giornaletto dell'Associazione universitaria antifascista di Sassari.

[6] Associazione turritiana universitaria (Turris è il nome antico di Sassari), nata in contrapposizione all'A.u.a.

[7] In un inglese approssimativo: Hai pensato a fare qualcosa di gentile per la persona che porta queste lettere?

Carissimi,

io sto sempre bene. Leggo, studio, passeggio, mangio, penso e attendo con calma. Ho avuto la notizia – credo certa – della scarcerazione di Manca.[8] Come si spiega?

Va bene quanto mi dite per lo spettatore, gli appunti di Bruno[9] e gli schemi delle lezioni. Ma gli appunti di Bruno esistono ancora? E gli altri del partito che partecipavano a quella riunione sono d'accordo?

Raccomandate ai membri del mio comitato di non farsi pescare. Se possibile, vorrei un elenco di tutti gli arrestati per lo stesso mio fatto.

Dovreste ritirare e conservare (non mandatelo perché non si può e non ne faccio niente) il mio orologio in riparazione da Margelli. Dovrò attendere ancora almeno il ritorno di papà da Bari per saper qualcosa di certo ma non mi preoccupo troppo.

Baci.

[8] Antonio Manca, detto Nino, uno dei dirigenti dei giovani comunisti sassaresi. Successivamente segretario della Camera del lavoro e deputato regionale.

[9] Bruno Mura, commerciante, all'epoca segretario della sezione del partito di Sassari.

Carissimi,

[...] Da qui a 5 o 6 giorni potete mandarmi qualche altro libro (per esempio «Teoria e storia della storiografia» e «La Storia come pensiero e come azione» di Croce; «II mondo come volontà» ecc. di Schopenhauer [a casa questi tre]; «Les origines de la France contemporaine, I partie», «L'Ancien régime» di Taine e soprattutto Zoccali: «L'anarchia»). Io sto bene e continuo la solita vita, della quale vi parlerò più a lungo prossimamente (?). Sto leggendo «Voltaire» di Labriola ma finora mi sembra un libro abbastanza superficiale. Che cosa hai combinato per la visita? I pasti vanno bene e ringrazio soprattutto Mariangela.[10] Ricordate di mandare un giorno sì e uno no circa formaggio, ogni 4 o 5 giorni mandatemi un quarto di vino. Se hai «Lucky» puoi anche mandarmene qualcuna. Le sigarette straniere le alterno sempre.

Baci. Enrico.

[10] Mariangela Rassu, di Bessude, la governante di casa Berlinguer da quando Enrico era piccolissimo.

Carissimi,

sto sempre bene. Non drammatizzate la mia situazione e non accoratevi troppo. Si capisce bene che il carcere non è il paradiso, ma io sento di poterlo sopportare e superare con fermezza e serenità di spirito.

La maggior parte delle mie giornate trascorre in letture e soprattutto studio («Capitale», inglese, ecc.); talvolta mi prende un certo desiderio per la libertà, ma si tratta di qualcosa di nostalgico e di pacato che non procura dolore morale alcuno: anzi, talvolta, dopo 2, 3, 4 ore di lettura mi dà come un senso di riposo. Sono sempre quindi bene in salute e tranquillissimo d'animo. Ho letto con piacere notizie e giornali di Bari. Discorreremo dei particolari a voce e speriamo che in quel tempo l'eco del congresso non sia ancora spenta.

Per l'interrogatorio va bene; però, per quanto riguarda le riprovazioni da me rivolte agli accusatori, ho qualche dubbio per il fatto che mancherebbero assolutamente le prove; anzi ti confesso che alcuni non li ricordo neppure di vista o quasi.

E ora i «bisogni». I pasti che mi state propalando vanno in genere bene, come quantità e qualità. Mandate però meno vino: ricordatevi che il thermos deve essere pieno, se no il the si raffredda. Biancheria per ora nulla. Libri ne ho e non me ne occorrono altri. Se la prigionia si prolungherà, bisognerà che mi mandiate in seguito i libri di studio per gli esami che vi indicherò. Se possibile (ma non credo) vorrei poter finire il mio lavoro sul comunismo. Ma se non si può, non mandate di nascosto perché mi sarebbe impossibile lavorare in tal modo.

Mandate sempre «L'Isola»,[11] anche arretrata (dal 30/1 compreso) e notizie.

Baci.

[11] Il quotidiano edito a Sassari che aveva sostituito «La nuova Sardegna» soppressa dal fascismo.

Carissimi,

vi descrivo brevemente la mia giornata.

Alle 6 sveglia, ginnastica e pulizia. Verso le 9 colazione. Dalle 9,30 alle 10 circa passeggio in celle all'aperto. Alle 12,30 circa pranzo, che come entità sarebbe minima senza i viveri abbondanti che io ho (ricordatevi di mandarmi il pasto tutti i giorni). Poi io faccio un altro pasto verso le 18. Poi si fa buio ma io posso leggere perché ho la luce in camera (a pagamento). In tutti gli intervalli – che sono lunghi –, leggo molto e penso. Le mie teorie politiche e filosofiche tendono ogni giorno di più verso l'anarchismo.

Non sento noia, ma – qualche volta – la nostalgia della libertà di potersi muovere a proprio piacere. Sono bene in salute e assai sereno d'animo. È inutile che io faccia pressione a voi, perché so bene che state interessandovi al massimo. Datemi notizie vostre, della guerra e di famiglia.

Carissimo,

la tua linea di condotta trova la mia piena approvazione. Non voglio che la libertà mi sia restituita come elemosina, e dopo un mese di prigionia. Spero che anche i miei compagni siano d'accordo. Ti potevi limitare – come hai fatto – a sollecitare l'istruttoria e chiedere che sia giusta. In fondo, star qui ancora una o due settimane (sebbene io creda si tratti di più) non mi dà per niente il sentimento di essere eroico. Coloro che associano il proprio destino a quello di un partito avanzato devono essere pronti a passare in prigione un certo periodo di tempo. È una cosa normalissima e non voglio che si facciano grandi montature. Sarebbe ridicolo. Mi fa piacere che il Partito italiano d'Azione sia d'accordo con noi. Che cosa è avvenuto dei repubblicani? E dei sardisti a Bari? Come va l'A.U.A.? Dopo l'interrogatorio, parlerò della mia vita. Potete mandarmi i seguenti libri: «Hist. extraord.» di Poe trad. da Baudelaire; «Quesnay droit naturel» (forse c'è in it.); Sorel, «Les illusions du progres» e altri a vostro piacere (soprattutto sull'Illuminismo e sul giusnaturalismo: potete trovare larghe indicazioni negli appunti della mia tesi) (per esempio Voltaire, Locke, Taine Lamartine («Ist. st. des Girondins») e l'«Antico regime» di Tocqueville che è in casa.

Io sto bene.

Baci. Enrico.

P.S. Devo dire che in novembre in via Manno venne Colonna?[12] (non c'era) [...]

[12] Commissario della Questura di Sassari. In via Mannu c'era la sede dei giovani comunisti.

Oggi, finalmente, voglio parlarvi della mia vita, esteriore e interiore. Ma brevemente. La prima è abbastanza monotona ormai, sebbene i primi giorni non fosse del tutto priva d'interesse, la seconda, al contrario, è naturalmente più feconda, a causa dell'isolamento. Come vedete, due buone ragioni, sebbene opposte, perché io non mi dilunghi troppo. E passiamo ora a qualche particolare.

a) Vita interiore (non credo vi interessi molto). Quantunque non abbia trascurato altri problemi (morali, sessuali, artistici, dovuti all'influsso contingente delle letture) mi sono occupato soprattutto di filosofia e sociologia. Il mio pensiero ha subito una evoluzione e non una rivoluzione. Non ho fatto che sviluppare alcune idee che elaboravo da tempo. Il carcere – fortunatamente – non ha prodotto in me nessuna «crisi» spirituale.

1) «Filosofia pura». Nonostante una apparente buona volontà, non mi è ancora riuscito di superare il kantismo, né per mezzo di Hegel né per mezzo di Croce. Da quando ho letto la «Critica della Ragion pura» – or è più di un anno – mi dibatto ancora nei suoi problemi e riesco a resistere a ogni attacco di ogni forma sia dell'idealismo assoluto sia del naturalismo. D'altra parte, è ancora e forse più forte di prima in me l'influsso di uno scetticismo integrale. Infine nonostante

sia marxista e materialista storico quasi à la manière di Marx, non ha scemato la mia repulsione per il materialismo metafisico. Ma, del resto, lo stesso Marx si prendeva gioco di questa specie di materialismo. E per quanto riguarda la filosofia, può bastare (tra parentesi, confesso che quanto sopra l'ho scritto più per me che per voi. Mi interessava infatti fissare alcuni concetti e una fase del mio pensiero. Avrei ancora molto, moltissimo da dire, ma per me può bastare. Figuriamoci poi per voi. Quando da qui a qualche tempo rivedrò questi appunti, anche il «contorno» – come scrive Giovanna[13] – verrà a galla).

2) «Sociologia». Qui la mia teoria comunista-anarchica non ha fatto che prendere ulteriore consistenza. Ma mi illudo che non è che minima l'influenza esterna della prigionia sullo sviluppo del mio anarchismo, che era già maturato da prima. Certo però che oggi e soprattutto domani ho acquistato un senso più concreto della libertà. Naturalmente, se ora mi mettessi a esporvi in che cosa il mio comunismo-anarchico differisce da quello di Kropotkin o di altri, non mi basterebbe lo spazio. Ma vi assicuro che la mia teoria è originale e suscettibile di sviluppi ancora più originali. Quando mi sarà riuscito di trovarle una base etica (qui sono ancora in alto mare) la svilupperò. Spero da qui a dieci anni. E basta con la vita interiore. Vedo già il sudore della noia colare copioso dalle vostre guance, ma siete voi che l'avrete voluto chiedendomi di parlare della mia vita. Ora io non sono una bestia e la mia vita quindi non è solo esterna.

b) Vita esteriore. Prima vi parlo della mia cella e poi della mia giornata. La mia camera misura circa metri 4,50 per 2,50. È ammobiliata come segue: un letto di ferro, uno sgabello fisso di mattoni e terracotta, una mensola, un vaso e una brocca. In alto, a circa 2 metri e 50 dal suolo vi è la solita finestra con le solite inferriate, dalla quale penetra

[13] Giovanna era cameriera a casa Berlinguer.

il sole, naturalmente a scacchi (dalle 10 e mezzo alle 12 circa) e si rifrange solo su una parete. Ecco ora una breve descrizione della mia giornata. Verso le 6 o le 7 sveglia, con scarsa gioia. Faccio coscienziosamente la ginnastica, dopo essermi lavato e poi faccio colazione. Poi leggo e studio fino alle 9 e mezzo. Verso le 8 passa il controllo delle inferriate. Alle 9 e mezzo vado «all'aria». Nel cortile vi sono una cinquantina di celle (7 metri per 3 circa ciascuna) dove si passeggia mezz'ora. Alle 10 rientro. Lo scopino fa la pulizia della stanza. Poi lettura e studio, in attesa del pranzo. Dopo pranzo, tanto per cambiare, lettura e studio. Verso le 18 secondo controllo delle inferriate. Alle 18,30 passeggio in cella e faccio un po' di ginnastica fino a una parca cena (ore 20 circa). Poi breve passeggiata («lento pede») per digerire e circa due ore di lettura o di studio (tanto per cambiare). Ho la luce elettrica. Verso le 10 o le 11 me ne vado a letto e dormo fino alle 6. Alla quale ora ricomincia – con nessuna variazione esteriore, ve l'assicuro – una giornata che non differisce dalla precedente che per la vita interiore (sempre diversa) e per la data. Ogni giorno che passa, incido nel muro la data.

Ora dovrei parlarvi della cosa forse più importante: i pensieri cioè specifici che fa sorgere la prigionia. Ma rinvio a un altro giorno e forse alle calende greche. Nel qual tempo, spero di poterveli comunicare a voce.

Il che è bello e istruttivo. Saluti.

P.S. Per indicare qualche libro di diritto civile, fatemi sapere se l'amico deve studiarlo tutto, o solo alcune parti e quali. In seguito alla risposta, spero di potervi dare qualche indicazione.

Attendo la carta e, da qui a qualche giorno, i libri indicati. Si può ottenere il permesso di prendere appunti? Il tempo non mi dà fastidio.

Carissimo papà,

ho letto con molto interesse le pubblicazioni che mi hai mandato, soprattutto «L'Italia del popolo». La recensione di Segni[14] è mediocre. Ti mando una prima puntata di impressioni. È piuttosto teorica e scritta male, non desidero che tu la faccia leggere a tutti i parenti. Ritengo che nessuno, ad eccezione forse di Ettore,[15] sia in grado di comprendere radicalmente quelle idee, almeno nella forma in cui sono esposte. Limita perciò al minimissimo la cerchia dei lettori. Credo che altre puntate riusciranno più interessanti, perché più aderenti alla realtà della mia vita carceraria. Sono molto contento della risoluzione della questione militare.[16] Per il colloquio qualunque ora è buona, salvo quella del pasto (13-14). Inoltre puoi tener conto che dalle 9,30 alle 10 circa sono al passeggio, ma non mi importa di perderlo qualche giorno.

Il libro di Listz va bene; ma non mandare gli altri, non ufficialmente finché non ti avrò restituito questo e non te li

[14] Antonio Segni allora dirigente della Dc di Sassari.

[15] Il più giovane degli zii paterni con cui Enrico aveva maggiore confidenza.

[16] Si allude al rinvio del servizio militare.

avrò richiesti. Grazie delle sigarette e dei fiammiferi. Ho la lampadina. Dammi notizie dell'istruttoria e del congresso comunista di Iglesias. Ti rimando il «mese».[17]

Attendo notizie varie da Giovanni, al quale scriverò prossimamente.

Sto bene.

Baci. Enrico

[17] Pubblicazione a cura degli Alleati.

Caro papà,

[...] Non nego che faccia un po' di freddo, ma io non lo sento. Almeno 3 volte al giorno faccio ginnastica (la mattina appena alzato, verso le 12, e la sera verso le 6) per mantenermi in forza più che per il freddo. Farò uno schema per l'interrogatorio. Grazie delle sigarette. Ne ho ora abbastanza. Già da qualche giorno, non ne regalo più quasi, perché la scrocconeria di guardie e detenuti stava diventando imponente. Dopo i libri che mi manderete credo (anzi, spero) che non ne avrò più bisogno.

Baci, Enrico

1) Il 14 la dimostrazione non passò in via Roma e non arrivò al massimo che all'altezza di via Cesare Battisti.

2) Devo dire i nomi di tutti i presenti da A. Usai[18] o solo quelli che mi hai indicato tu?

Bene salute e morale.

3) Per ora non desidero compagnia. Vedremo in seguito, da qui a qualche mese…

4) Grazie dei fiammiferi e sigarette americane. Al «Mese» ho potuto dare solo uno sguardo, non è facile leggere di nascosto.

5) Giovanni dovrebbe riportare alla biblioteca universitaria i libri: «Contract social» e «Esquisse» ecc. di Condorcet che si trovano sulla mia scrivania e il cui prestito è da tempo scaduto. Salutate i parenti. Auguri a Lydia. Ti ringrazio di sigarette, fiammiferi, giornali ecc. (vi ricordo «L'isola» dal 30 in poi). Vi saluto affettuosamente, attendendo anch'io di riabbracciarvi e ritornare alla libertà, ma senza umiliazioni e conservando dignità. E.

[18] Anita Usai, anziana dirigente comunista, perseguitata dal fascismo.

Carissimo,

le ultime tue notizie mi procurano molto piacere. Ti ringrazio infinitamente, per parte mia stai pure tranquillo che, nonostante la durezza della prigionia (e da innocente!) conservo la massima serenità. E per questo né per altro devi minimamente preoccuparti. Anche fisicamente sto bene e non soffro nessuna privazione. Non mandate troppo da mangiare perché ho ancora provviste e a noi qui non viene molto appetito a causa dello scarso moto.

Che cosa devo rispondere se mi chiedono se ho partecipato – come spettatore – alle dimostrazioni? Giovanni dica a Maglione[19] che annoti i nomi dei timidi e dei sospetti. Prego di anticipare 1.059 lire sul nostro soccorso rosso perché i fondi che ho io sono qui depositati. Mandate the invece di latte che si guasta, se possibile ma non di nascosto il *Capitale* e notizie della Associazione Universitaria.

[19] Maglione è uno dei dirigenti dei giovani comunisti sassaresi.

Carissimo,

spero stia meglio. Io sto bene. Non preoccupatevi troppo e non siate ottimisti sul «presto». Io, già da pochi giorni da che ero qui, ho deciso che non avrei creduto a nessun «presto» (se no quante delusioni avrei subito) e perciò accolgo tutte le notizie, buone e cattive, con lo stesso spirito di calma e come se, invece di riguardare me, riguardassero previsioni astronomiche. Ancora niente libri (speriamo «presto»... ma per i libri davvero). Speriamo che il giudice istruttore si faccia vedere il mese venturo. Oggi non verrà certamente perché è domenica. Io sto benissimo. Oggi ho voluto forse un po' scherzare, ma ho detto la verità. Attendo notizie di Giovanni.

Baci a tutti e a te. Enrico

Ancora non interrogato. Forse oggi. Ti manderò il resoconto più che possibile dettagliato.

Ho ricevuto i libri della procura. Per ora non me ne occorrono altri, a meno che Giovanni non trovi all'università «Socialismo utopico e socialismo scientifico» di F. Engels. Ieri non ho scritto, non perché non avevo matite (ne ho una cinquantina), ma perché non avevo nulla da dire in attesa dell'interrogatorio.

Sto bene di salute e benissimo di spirito. Ormai sono adattatissimo alla carcerazione. Studio e leggo molto, ma ho trovato – nel corso di lunghe riflessioni – varie catene di pensieri che nessun fatto contrario può intaccare e che rendono l'animo incrollabile ad ogni assalto degli eventi. Non ho bisogno di nulla per ora.

Non mandate più vino.

Baci

Caro papà,

io sto sempre bene. Non occorre che, almeno per 4 o 5 giorni, tu mi mandi sigarette. Vorrei sapere come hai risolto la questione della visita. Mi seduce molto l'idea di passare qualche giorno a Stintino (e forse più tardi in campagna) dopo la liberazione. Ho anche naturalmente un grande desiderio di partecipare al congresso comunista dell'11-12, ma non lo ritengo possibile. Ti mando qualche informazione per il diritto civile. Ancora non mi so decidere per la compagnia o l'ufficio e preferisco star solo e poter leggere con calma, invece di discorrere di fesserie o copiare nomi in un registro. Sto meglio così. Non preoccupatevi.

Baci. Enrico

Caro papà,

mando ancora qualche risposta ai parenti che mi hanno scritto, ma d'ora innanzi scriverò solo a te. Mi riservo sempre di scrivere una lunga lettera per fissare alcune impressioni di vita carceraria. Hai fatto bene a non ostacolare l'amico. Anche quando non ci sarà, cerca di mandarmi il giornale, anche se non quotidianamente. La questione del giudice istruttore sembrerebbe quasi risolta, ma ho poca fiducia. So benissimo ad ogni modo che vi siete e vi state sempre interessando moltissimo di me, soprattutto tu, e ve ne ringrazio. La colpa è delle circostanze. Mi fa piacere poter avere un tavolo e una sedia. Vedi, se otterrai il permesso per gli appunti, se è possibile mandarmi gli appunti già presi e che si trovano sulla mia scrivania: in modo ufficiale naturalmente. Grazie del cioccolato, che non è poi tanto cattivo. Provviste mandatene ogni tanto, ma sempre in modesta quantità. Non ho gli stecchini! Mentre ho ancora fiammiferi.

Se ci tieni, ecco quel che diceva l'ultima frase cancellata: «Forse mi deciderò a fare il giardiniere, giù nell'orto delle carceri». Ma poi l'ho cancellata perché temevo che tu l'avessi subito presa come un mio desiderio immediato e ti fossi quindi interessato in proposito, mentre per ora non ho voglia neanche di questo.

Come hai risolto la questione della visita? Mandami ancora un po' di carta (non molta). Anche se trovate ricotta (fresca o mustia non importa) mandatemene un po' coi pasti. Chiudo in fretta perché sto andando all'aria.

Sto sempre bene. Baci.

P.S. State attenti che il cavalier Carboni[20] non sappia che voi sapete che io so la questione degli aranci. Le ragioni sono ovvie.

Attendo da Giovanni risposta alle mie precedenti domande. Provviste ne ho ancora; da qui a qualche giorno, mandate magari un po' di formaggio (non molto, se no si guasta).

Non ho per ora altri bisogni. Sto bene e non preoccupatevi.

Baci (E per il mio opuscolo?).

[20] Il comandante delle guardie carcerarie.

Carissimo,

va bene via Roma il 19: ora ricordo anch'io. Ricordo anche delle 200 lire, prima non avevo capito. Che male c'è? Appunti non posso prenderne per ovvie ragioni. Ma ricordo bene tutto. Tamponi[21] non ha mai assistito a mie lezioni, che furono due di seguito. Le altre erano sporadiche illustrazioni. Ma se voi volete dirò tre.

Non abbiate paura di dirmi la verità, che troppo spesso mi tacete, facendomi un torto. Io sono serenissimo, mai depresso e sempre fedele alle mie idee (comunismo anarchico) e ho il diritto di sapere la verità.

Non ho bisogni. Grazie di tutto. Datemi sempre notizie politiche, militari e vostre.

Non mi faccio illusioni, ma sto bene, calmo e spero. Baci. Enrico.

P.S. Stasera sono cominciati gli interrogatori. Ho due preoccupazioni. La prima è la visita del 26 febbraio. Anche ora che ho conosciuto la galera e la privazione della libertà, preferisco quasi la prigione alla vita militare. La seconda è l'ossessione che produce in me il prevedere i consigli che

[21] Tamponi era uno degli iscritti al circolo giovanile comunista.

riceverò quando uscirò di qui da zia Carmelia, zia Settimia[22] ecc.

Saluti a tutti.

[22] Settima Satta Branca, sposata Ferralis, cugina della nonna materna.

Trentaquattresimo giorno
Carissimo,

qui oggi circola la voce che vi sarebbe una circolare per la sospensione dei processi politici e per l'immediata scarcerazione dei detenuti politici. La voce mi è stata comunicata al passeggio da V. Subino. I fascisti sono pieni di speranza. Anche dopo la vaga notizia datami da te, io non vi presto che scarsissima fede. Il giudice ancora non si è visto. La «cellula» dice che ritarda a posta, perché era fascista. Ma non mi pare credibile. Grazie delle sigarette a te e dei fiammiferi a Tamponi. Ho subito capito come si mangiano le carrube. Io sto bene. Continuo la solita vita. Non ho ancora ricevuto gli ultimi 3 libri che tu annunci di avermi spedito. Ricordati che il 26 corrente è il giorno della mia visita: se ti occorre il foglio di licenza, esso si trova qui depositato. Denari ne ho più che a sufficienza. Ogni due o tre giorni mandatemi un po' di formaggio. Prossimamente, dopo l'interrogatorio, vi parlerò di altre cose, in continuazione della mia lettera sulla mia vita, nella mia cella non vi sono cimici, ho solo qualche pulce, che non mi dà fastidio. Attendo notizie da Giovanni. È inutile ripetere le solite cose sul mio stato d'animo, che è sempre lo stesso: fortissimo, dal primo giorno all'ultimo.

Baci, Enrico

Carissimi,

oggi (21, trentaseiesimo «jour de la lutte pour ma libe-ration»), ho finalmente ricevuto i libri che mi saranno utilissimi. Non capisco quali difficoltà procedurali ci fossero, questa volta. Nonostante il seccante (intenzionale?) ritardo del giudice, godo sempre di buon umore. In certi momenti, non fissabili cronologicamente, sento naturalmente un vivissimo anelito alla libertà; ma, come vi ho già detto altra volta, si tratta di un sentimento sereno, pacato, consolante. Talvolta poi mi sorprendo a pensare che, considerata sotto «certi» aspetti, in «particolari» circostanze, la vita carceraria ha i suoi vantaggi per me. Ma ho deciso che fra 2 o 3 giorni vi (o mi?) scriverò una lunghissima lettera con riflessioni sulle «Mie prigioni». Ho già in serbo 6 o 7 pensieri profondi, e uno profondissimo (modestia a parte). In questi giorni ho imparato a memoria in inglese il celebre monologo di Amleto, non perché la mia situazione psicologica abbia affinità con quella di Hamlet, ma perché il brano è veramente sublime. In 33 versi sta il dramma – perfettamente definito in sé – di ogni uomo. È eterno.

Carissimo,

l'interrogatorio mi pare vada bene: l'ho studiato e saprò riportarlo pressappoco nei termini in cui è redatto. Il fatto che vi sia istruzione formale mi fa pensare che le cose si trascineranno forse un po' alla lunga; ma io sono tranquillissimo e molto contento per il fatto che col processo – comunque finisca – sferreremo un colpo alla questura.

Oggi il comandante cavalier Carboni mi ha informato che Lentini e il professor Cossu hanno portato un quantitativo di aranci da distribuire ai compagni detenuti e che io figuravo in testa alla lista; ma mi ha detto che tali spedizioni collettive non sono ammesse e che occorre che le famiglie le facciano la domenica individualmente.

lo per conto mio rinuncio perché non ne ho bisogno; ma dovreste interessarvi perché gli altri li abbiano. Potrebbe esservi utile il sottocapo, comunista. Ricordatevi di mandarmi sempre le notizie politiche e militari, quando non potete mandare il giornale, e notizie di famiglia, del processo, universitarie, del partito ecc ...

Potete mandarmi i seguenti libri: «Memorie» di Kropotkin (mio comodino); «Lady Chesterfield» (idem); vocabolarietto inglese (libreria o tavolino). Domenica il ricambio ordinario (camicia, mutande, calze) e basta.

Carissimo,

gli schemi delle mie lezioni si trovano a casa insieme agli appunti del mio opuscolo in preparazione sul comunismo. La pagina 2 (nella quale è riportato un brano dalla «Critica dell'Ec. pol.» di Marx) è pure lì, ma non nell'ordine: la troverai facilmente.

Io sto sempre bene. Vorrei descrivervi le mie giornate, che pur non essendo allegre, sono serene; ma capirete che, essendo sempre pericoloso trattenersi qui a scrivere, non mi posso prendere il lusso di lunghe lettere e tanto meno di particolareggiate descrizioni. Mangio bene, dormo abbastanza bene, leggo molto, studio molto, passeggio nella mia sala (4 metri per 2,50 circa), faccio persino la ginnastica regolarmente, mi abbandono anche a riflessioni ottimistiche sulla bontà naturale dell'uomo e sull'anarchia, ecc...

A questo punto voi mi chiederete: ma allora che cosa ti manca? Anzitutto – rispondo – LA LIBERTÀ.

E non chiedetemi che cosa io intendo per libertà. «Omnis determinatio est negatio» (Spinoza, *Etica*, I, 27) e definendo la libertà non vorrei espormi al rischio di negare una cosa «sub stantia» che è appunto quella che ... a me viene negata (sofisma? non mi pare questa volta). Ma oltre questa libertà di significato forse un po' trascendentale e teoretico (per voi, non per me), mi mancano anche tante piccole libertà o – più modestamente – facoltà. Mi spiego con qualche esempio.

Sento una grande nostalgia di passeggiate in campagna, all'aperto. Ma questo mi sembra un sogno irrealizzabile. Potrei parlarvi di tante altre nostalgie (musica, letto soffice, alzarsi tardi, radio, studio, conversazioni, riunioni tutti i beni di cui voi godete ogni giorno senza essere felici) ma abbandoniamo la filosofia che, pur rendendo saggi e sereni coloro che la coltivano, annoia talvolta quelli che ne sentono l'insegnamento.

Passiamo a cose più pratiche.

Dammi notizie e manda il giornale. Chi sono gli eletti del Consiglio dell'A.T.U.? Conserva copie del numero unico. [...] Papà dice che io devo leggere, distrarmi e non pensare: «cave cogitare». Ma posso io aver paura del mio pensiero, quando è proprio esso che [?] di non pensare alla prigionia? E ora basta. Non avrei mai pensato che la detenzione mi avrebbe fatto scrivere una lettera così stupida.

Io sto benissimo, il che non vuol dire che non vi sono condizioni migliori (per esempio l'essere liberi).

Vi saluto tutti. Enrico.

P.S. Dammi notizie del congresso di Bari.

Carissimo,

[...] Le notizie e la posta sono sempre gradite, come è facile immaginare. Io sto sempre bene e perfettamente sereno. Se non fossi antinaturalista e antipositivista, direi che è, questa mia vita e questo mio stato d'animo, una conferma della legge di adattamento naturale. In certi momenti mi sembra di essere un ergastolano perfetto e la libertà non mi sembra più una cosa reale, ma una specie di «Paradise Lost». Intanto il giudice è sempre ammalato; se penso che 2 settimane fa esattamente (il 10) tu scrivevi: una o 2 settimane al massimo. Per mia fortuna, avevo già stabilito di non prestar fede a nessuna profezia di tipo cronologico. Ho letto la «Voce dei giovani». Non c'è da disperare completamente della gioventù? E dell'avvenire? Si lotta perché si vive. Ma se si potesse vivere solo di libri, solo di pensiero, solo nel passato!

Avant'ieri hanno scarcerato 4 dei 38. Perché?

Saluti e baci. Enrico

Caro Ettore,

capisci bene che alla tua cartolina vorrei rispondere a lungo, come meritano gli argomenti e quasi tutte le tue soluzioni di essi. Ma non mi è possibile che dare risposte brevissime e quindi monche. Se fossi Schiller, potrei condensare il mio pensiero in epigrammi; il che potrei fare anche se conoscessi alla perfezione la tecnica espositiva di Tacito.

Io ritengo che sia inutile che approvi i punti in cui sono d'accordo con te. Infatti, che utilità ci sarebbe a ripeterti?

Ma neanche sugli altri mi dilungherò per ora. Mi limito a un'osservazione di carattere generale e che ti sarà forse giovevole. Eccola. Sono convinto che se le cose che hai detto in una cartolina, le avessi svolte più estesamente, il mio accordo ti sarebbe mancato su alcuni punti, mentre ora lo hai pienamente, e se mi chiedi perché, rispondo: 1) per la teoria sull'ottimismo e il pessimismo (che è anche mia, ma in modo diverso) occorre unicamente una giustificazione «storicistica» e non razionalistica; 2) la teoria del comunismo anarchico credo che sia inficiata da una reazione individualista eticizzante antiborghese, ma borghese. Ti spiegherò meglio un altro giorno. Capisco benissimo che ciò, che ho detto è oscurissimo, così come è detto. Ma non sono né Schiller né Tacito.

Saluti. Baci. Enrico. Saluta gli amici.

Carissimo papà,

ho ricevuto lettere tue, di Pintus[23] e di Giovanni. [...] Giovanni poi mi prospetta un dubbio filosofico, in un modo invero assai strano. Infatti, egli crede che alcune parole ben congegnate possano costruire o demolire delle teorie filosofiche. Ad ogni modo gli risponderò, perché mi dà sempre un certo fastidio vedere dei materialisti (il materialismo è la teoria più ingenua che esista) e perché credo di possedere buoni argomenti. Il positivismo di Sergio poi mi sorprende; ma penso che in terza liceo ero anch'io positivista, ma in fondo penso che di tutte queste cose potremo meglio discutere a voce. Forse le lettere di Giovanni, Sergio e le altre semi-filosofiche di altri parenti non sono che un espediente per costringermi a esaurire in brevi lettere le discussioni e far sì che poi non se ne discuta fuori a voce. Riguardo ai libri (senza entrare in una discussione anche su questo: come vedi, sto evitando un gran numero di discussioni), ho ancora da leggere vari libri «cerebrali». Qui ci danno circa 2 libri alla settimana, ma sono in genere molto stupidi e più pesanti quindi degli intelligenti. I libri «cerebrali» non mi stancano, ma la notte dopo cena preferisco leggere qualcos'altro.

[23] Cesare Pintus, un dirigente della sezione comunista.

Quindi accetto praticamente il tuo consiglio. Scegli tu libri da mandare: li desidererei in francese (per esempio Listz, Danton ecc...) e anche qualche bel romanzo. Inoltre, vedi se potete trovare il piccolo dizionario inglese-italiano (credo che si trovi nell'ultimo scaffale della libreria). Se non trovate il piccolo, «non» mandate il grande, almeno fino a che non avrò il permesso di scrivere gli appunti.

E per oggi (cinquantatreesimo giorno) basta. Sto sempre bene.

Baci. Enrico.

Carissimo papà,

ti ringrazio moltissimo delle sigarette. [...] Non condivido il tuo apprezzamento sul mio sunto di comunismo: mi pare troppo «terra terra». Ad ogni modo vedremo. Per ora, però, non farlo girare troppo; al massimo, Tamponi. Le notizie che mi dai sull'istruzione sono buone; ma io – più ci penso – meno riesco a essere ottimista, sia sul tempo, sia sull'esito. Non sono affatto convinto, per esempio, che si risolva in istruttoria.

Ora che son stato interrogato, dovrei adempiere alla promessa di inviarvi le mie impressioni di vita carceraria; e probabilmente lo farò, in più volte, ogni volta che ne avrò voglia. In questi giorni, mi sono venute alcune idee per qualche articolo: sul decentramento amministrativo, considerato non da un punto autonomista o regionale ma libertario; sull'Europa; sul liberalismo inglese e sulla lotta della gioventù russa contro gli zar, alla fine del secolo scorso. Ma non credo che li scriverò ora; ci vogliono più comodità fisiche.

Ti ricordo intanto: appunti per la tesi e licenza militare universitaria. Ieri, la cellula mi ha dato il «mese» e domani o dopo te lo rimanderò. Ci sono alcune cose interessanti. Mandami, quando puoi, qualcosa di ciò che ha portato C. Pintus.

Come va la vendita del tuo libro?[24]
Io sto bene.
Saluti e baci. Enrico

[24] Si tratta del libretto *La giustizia del regime fascista*, pubblicato in quelle settimane da Mario Berlinguer.

Carissimo,

spero anch'io di essere interrogato domani. Sarebbe tempo.

Ti ringrazio moltissimo delle lunghe notizie su Bari, che ho letto con molta attenzione e grande interesse.

Oggi ho ricevuto una lettera di Giovanni con varie notizie. Spero di mandargli – se ne avrò voglia – un articolo per il foglio numero 2 dell'associazione. Naturalmente, se non ritiene opportuno – come non è – dire che io l'ho mandato nascostamente, può dire ai colleghi che o l'articolo era già in casa o che io l'ho scritto in una lettera ufficiale. Gli sarei grato se mi mandasse una copia del foglio dell'A.T.U.

Che dia a Griekgun[25] cordialissimi saluti. Per Pacini[26] ha fatto male a non dire la verità: sembra che lo si voglia nascondere e se ne abbia vergogna. A me di Pacini non importa nulla. Ma sono deciso da una parte a non atteggiarmi, né farmi passare per vittima, e dall'altra a non vergognarmi affatto né delle mie idee né delle loro naturali conseguenze: né ridicolo né vile. Mi riservo di scrivervi più a lungo dopo l'interrogatorio.

Baci. Enrico.

[25] Un ufficiale alleato.

[26] Uno degli imputati.

Cara zia Carmelia,

ti ringrazio delle due cartoline, stranamente prive di consigli di prudenza e di «dicono». Non ti meravigliare se Dio non esaudisce i tuoi voti. In generale, non esaudisce neppure quelli del Papa, che pare sia suo intimo. La Provvidenza persegue le sue vie e i suoi mezzi sono a noi inscrutabili.

«L'unica cosa che noi possiamo sapere – diceva un filosofo, uno di quei veri filosofi che avevano la barba lunga – è che noi non sappiamo nulla. E neanche di questo possiamo essere certi.» Come vedi, fare il filosofo giova poco, e conviene meglio darsi all'ippica. Eppure, certe cose le possono sapere soltanto i filosofi.

Saluti e baci. Enrico

Carissima nonna,

ho ricevuto 2 tue cartoline, la prima con alquanto ritardo. Ti ringrazio molto delle tue parole affettuose e dei tuoi auguri. Tu dici che quando vai a casa nostra e parlate di me, ne parlate con tristezza. Non ne vedo la ragione. Si parla con tristezza di una persona morta, malata o triste a causa di una grande sventura o pazzia. Ora, io non credo di rispondere a nessuno di questi requisiti. Quando un parente parte per un viaggio non si è tristi. Ebbene, immaginate, come potrei fare io, che io sia in viaggio. Non è un viaggio di piacere, lo ammetto; e anzi, le condizioni di vita del carcere si prestano meno di ogni altra cosa a una simile analogia. Pensate a un viaggio ideale. Ma forse le donne non hanno sufficiente capacità di astrazione. Ad ogni modo, speriamo di rivederci presto.

Affettuosità e baci. Enrico.

Indice

Finito di stampare nel mese di aprile 2014 presso
il Nuovo Istituto Italiano d'Arti Grafiche - Bergamo

Printed in Italy